Teste Dein Französisch!

Stufe 1

Ein Testbuch für Anfänger

Von
Monique Peltre

Langenscheidt

Berlin München Wien Zürich

Auflage:	5.	4.		Letzte Zahlen
Jahr:	1983	82		maßgeblich

Zeichnungen: Herbert Horn
Umschlagentwurf: grafik-dienst A. Wehner
Druck: Presse-Druck Augsburg
Printed in Germany · ISBN 3-468-38510-2

Zur Einführung

Alle Anfänger und viele Fortgeschrittene machen Fehler, die ihre französischsprechenden Partner als merkwürdig, komisch oder peinlich empfinden. Sie gebrauchen das falsche Wort, die falsche Wendung, eine falsche grammatische Form oder eine unkorrekte Aussprache. Mit TESTE DEIN FRANZÖSISCH! bekommt der Französischlernende solche Dinge in den Griff. Seine Französischkenntnisse werden durch Abtesten systematisch aufgebaut.

Das Testprinzip dieses Buches ist das „Multiple-choice-Verfahren", d. h. nach jeder in Französisch gestellten Frage werden dem Lernenden 5 Antworten zur Auswahl angeboten, von denen er eine als die richtige Lösung kennzeichnen muß. Durch Umblättern zu den „Réponses" kann er sich dann selbst kontrollieren; er findet dort auch die Begründung für die richtige Lösung sowie weitere Erläuterungen zum Fragenkomplex.

Diese Methode unterscheidet sich von den herkömmlichen Lernformen. Sie ist anregend, oft amüsant. Die Kürze der Lerneinheit – die Frage – ermöglicht ein zwangloses Arbeiten auch unterwegs oder wenn wenig Zeit zur Verfügung steht.

Trotzdem basiert die Methode auf modernen linguistischen Erkenntnissen. Autorin des vorliegenden Buches ist Monique Peltre, Maître-assistante an der Sorbonne. Als französische Germanistin kennt sie aus langjähriger Lehrerfahrung heraus die Fallen, welche die französische Sprache für die Lernenden bereithält.

TESTE DEIN FRANZÖSISCH! umfaßt zwei Bände, die nach Schwierigkeitsstufen gegliedert sind:

Stufe 1 – ein Testbuch für Anfänger
Stufe 2 – ein Testbuch für Fortgeschrittene

Wenn Sie nur geringe Französischkenntnisse haben, beginnen Sie mit dem Band der Stufe 1. Stufe 2 ist für denjenigen gedacht, der schon einige Jahre Französisch gelernt hat,

So arbeiten Sie mit diesem Buch

- Nach dem Lesen jeder Frage prüfen Sie bitte sorgfältig, welche der nachgestellten 5 Antworten (a–e) die richtige Lösung darstellt.

- Wenn Sie die richtige Antwort gefunden haben, schreiben Sie den entsprechenden Buchstaben (a, b, c, d, e) in das Kästchen am Rand.

- Haben Sie eine Unité durchgearbeitet, so schlagen Sie die „Réponses" auf. Prüfen Sie jetzt, ob Ihre Antworten richtig waren, und studieren Sie die Erläuterungen zu den Fragenkomplexen.

- Ermitteln Sie die Anzahl Ihrer richtigen Antworten und tragen Sie das Ergebnis in das Kästchen für die betreffende Unié auf der Seite „Ihr Testergebnis" ein.

- Auf den Seiten „Wie geht es weiter?" am Ende von Teil A und B werden Ihre Testergebnisse ausgewertet und danach die Weichen für Ihre weitere Arbeit gestellt.

- Das INHALTSVERZEICHNIS finden Sie auf Seite 175.

TEIL A

Unité 1

1 Quel mot n'a pas le même son que les autres ?
a. pain
b. vin
c. saint
d. rien
e. vingt

2 Que ne voit-on jamais dans une gare ferroviaire ?
a. des rails
b. des wagons
c. un phare
d. une locomotive
e. un porteur

3 Le petit déjeuner est servi le matin comme le dîner est servi :
a. à midi
b. le soir
c. à quatre heures
d. au réveil
e. à minuit

4 Quelle phrase est incorrecte?
a. Je vais me promener le soir.
b. Je me promène souvent dans ce parc.
c. Il fait une petite promenade tous les matins.
d. Elle promène son chien.
e. Nous promenons tous les jours.

5 Qu'est-ce qui est faux?
a. Cette bouteille est à moitié pleine.
b. Cette bouteille est à moitié vide.
c. Elle se trouve sur une table.
d. Elle est en verre.
e. Son bouchon a roulé sous la table.

6 Où ne pouvez-vous pas nager?
a. dans un étang
b. dans un lac
c. dans le fleuve
d. dans la rivière
e. dans les marais

7 Qu'est-ce qui est juste ?
   a. Accroche ce tableau au mur.
   b. Accroche ce tableau sur le mur.
   c. Accroche ce tableau dans le mur.
   d. Accroche ce tableau au-dessus du mur.
   e. Accroche ce tableau près du mur.

8 Lequel de ces termes désigne une partie du visage ?
   a. le cou
   b. les sourcils
   c. le genou
   d. la cuisse
   e. le coude

9 Qu'est-ce qui est faux ?
   a. Il secoue le pommier.
   b. Les pommes tombent.
   c. Les feuilles tombent aussi.
   d. Il secoue le tronc du pommier.
   e. Le pommier tombe.

10 Quelle est la phrase qui a un sens différent?
a. Je vais à la maison.
b. Je vais chez moi.
c. Tu es chez toi.
d. Elle est à la maison.
e. Il va vers la maison.

☐

11 Quel est le contraire de *bruyant*?
a. calme
b. silencieux
c. agité
d. immobile
e. serein

☐

12 Quelle formule n'est pas synonyme (= équivalente) des quatre autres?
a. Puis-je me présenter?
b. Permettez-moi de me présenter . . .
c. Je me présente: Bernard Dupont.
d. Permettez, Madame, que je me présente . . .
e. Je vous présente Monsieur Dupont.

☐

13 Quel prénom est masculin?
a. Marguerite
b. Pauline
c. Sophie
d. Jean-Marie
e. Marie-Françoise

☐

14 Qu'est-ce qui est faux ?
a. Il a attrapé un poisson.
b. Il a pêché une vieille godasse (= chaussure).
c. C'est un pêcheur.
d. Il est à la pêche.
e. Il est debout au bord de l'eau.

15 Qu'est-ce qui ne convient pas pour prendre un bain ?
a. un maillot de bain
b. un cache-nez
c. un bonnet de bain
d. une piscine
e. la chaleur

Unité 2

1 Quel est le mot qui n'a pas le même son ?

a. mer
b. maire
c. mère
d. pays
e. pair

☐

2 Qu'est-ce qui n'éclaire pas ?

a. la bougie
b. la lampe de poche
c. la lampe à pétrole
d. le bec de gaz
e. la nouvelle lune

☐

3 Quelle phrase convient ici ?

a. Il dort au pied de l'arbre.
b. Il dort dans l'arbre.
c. Il est étendu dans l'arbre.
d. Il a grimpé dans l'arbre.
e. Il dort autour de l'arbre.

☐

4 Qu'est-ce qui est faux ?
   a. Aide-lui à s'habiller.
   b. Aide-le à s'habiller.
   c. Aide ta mère à la cuisine.
   d. Aide-moi à faire mes devoirs.
   e. Aidons-nous les uns les autres.

5 Qu'est-ce qui n'est pas un métal ?
   a. l'or
   b. l'argent
   c. le calcaire
   d. le fer
   e. le zinc

6 Quelle phrase est incorrecte ?
   a. Quelle heure est-il ?
   b. Quelle heure avez-vous ?
   c. Pouvez-vous me donner l'heure ?
   d. Combien tard est-il ?
   e. Avez-vous l'heure exacte ?

7 Quel prénom peut-on donner à une fille ?
   a. Jean
   b. Pierre
   c. Paul
   d. Dominique
   e. Antoine

8 Quelle affirmation est juste ?
a. La lampe est sur la table.
b. La lampe est au-dessus de la table.
c. La lampe est sous la table.
d. La lampe est à côté de la table.
e. La lampe est au milieu de la table. ☐

9 Quelle phrase contredit les autres ?
a. Je suis triste.
b. J'ai le cafard.
c. Je suis mélancolique.
d. J'ai des idées noires.
e. Je suis gai. ☐

10 Qu'est-ce qui n'est pas un vêtement ?
a. une veste
b. un manteau
c. une couverture
d. une robe
e. un pantalon ☐

11 A table. Quelle phrase n'est pas construite sur le même modèle ?
a. Je voudrais du sucre, s'il te plaît !
b. Et moi, du lait !
c. J'aimerais encore un peu de thé !
d. Passe-moi la confiture !
e. Verse-moi du café !

12 Quel est le contraire de *cave* ?
a. chambre
b. cuisine
c. grenier
d. garde-manger
e. grange

13 Que ne trouve-t-on généralement pas en ville ?
a. autobus
b. une mairie
c. un tas de fumier
d. un trottoir
e. une boîte aux lettres

14 Quelle affirmation est fausse ?
a. Jean essaie de rattraper son chien.
b. Jean court derrière son chien.
c. Le chien s'est échappé.
d. La laisse du chien traîne par terre.
e. Jean tient son chien en laisse.

15 Le chapeau couvre la tête
comme la manche couvre:
a. le ventre
b. le bras
c. la jambe
d. le pied
e. l'épaule

Unité 3

1 Quel mot ne se prononce pas comme les autres?

a. gens
b. mens
c. tant
d. maint
e. gant

2 Quelle phrase n'est pas juste?

a. L'enfant se jette dans les bras de sa mère.
b. Elle ce regarde dans le miroir.
c. Il se promenait dans les bois.
d. Ce petit garçon cherche sa sœur.
e. Elle doit se coucher tôt ce soir.

3 Ils vendent tous quelque chose; chez lequel trouvez-vous quelque chose à manger?

a. marchand
b. commerçant

c. trafiquant
d. boutiquier
e. épicier

4 Où est l'erreur ?
a. s'asseoir
b. boir
c. boire
d. prévoir
e. pourvoir

5 Qu'est-ce qui est faux ?
a. Brigitte est en vacances.
b. Elle est allée au bord de la mer.
c. Elle prend un bain de soleil.
d. Elle se baigne.
e. Elle est étendue sur le sable.

6 Où est l'erreur ?
a. Il faut que la porte reste fermée.
b. Il faut fermer la fenêtre.
c. Je vais fermé la fenêtre.
d. Il a oublié son journal.
e. J'ai trouvé la maison fermée.

7 Qu'est-ce qui ne roule jamais ?
   a. un vélo
   b. une auto
   c. une moto
   d. un avion
   e. un traîneau

8 Que ne trouvez-vous pas sur un bateau ?
   a. capitaine
   b. voile
   c. ancre
   d. cordage
   e. chalet

9 Où est l'erreur ?
   a. Il monte sur une échelle.
   b. L'échelle est appuyée contre le mur.
   c. Il veut entrer par la fenêtre du premier étage.
   d. Il monte une échelle.
   e. Il monte au premier étage.

10 Où a-t-on oublié une faute ?
- a. Le jardinier cueille les fruits.
- b. La rivière inonde les prés.
- c. Il a oublié ses cahier à la maison.
- d. Le vent pousse les nuages.
- e. Le papillon se pose sur la fleur.

11 Qu'est-ce qui n'est pas transparent ?
- a. la vitre
- b. le verre
- c. le cristal
- d. le plastique
- e. le bois

12 Trouvez la faute :
- a. Il se croit tout permis.
- b. Elle s'est blessée à la tête.
- c. Je crois se que vous dites.
- d. C'est encore un enfant.
- e. Le bébé s'est endormi.

13 Qu'est-ce qui n'est pas exact ?
- a. Ces deux alpinistes suivent un sentier.
- b. Ils montent sur la montagne.
- c. Ils veulent atteindre le sommet avant la nuit.
- d. Le premier porte un chapeau avec une plume.
- e. Ils s'appuient sur un bâton.

14 Qu'est-ce qui n'est pas une fleur ?
a. la rose
b. le lys
c. le lilas
d. le chou-fleur
e. la primevère

15 Où manque-t-il un accent ?
a. Le maître a des cahiers à corriger.
b. Le cheval rentre a l'écurie.
c. Il y a un gros chien à la porte.
d. Le soleil a brûlé l'herbe des prés.
e. Le vent a continué à souffler.

Unité 4

1 Quel mot a un son différent ?
a. sans
b. cent
c. sang
d. santé
e. saint

2 Qu'est-ce qui n'est pas chanté ?
a. l'opéra
b. la comédie musicale
c. l'opérette
d. la chanson
e. le drame

3 Il y a une erreur:

a. un frère
b. une foto
c. une phase
d. une phrase
e. un phono

4 Où se cache l'erreur?

a. Avez-vous changé les draps?
b. Voulez-vous changer de chaussures?
c. Nous avons changer d'appartement.
d. Il aime changer de chemise tous les jours.
e. Cette maison, entourée d'un jardin, me plaît beaucoup.

5 Qu'est-ce?

a. C'est un cor de chasse.
b. C'est une trompette.
c. C'est une flûte.
d. C'est un piano.
e. C'est un violon.

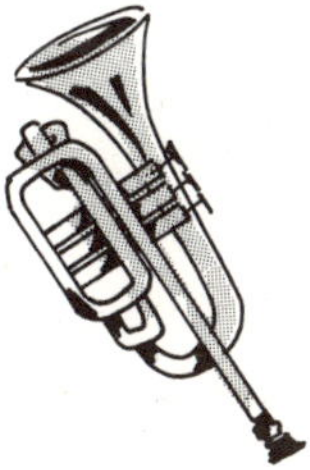

6 Qu'est-ce qui ne peut pas être rose?

a. radis
b. roses
c. dragées
d. choux
e. ruban

7 Que ne voit-on pas dans un village ?
a. un gratte-ciel
b. une église
c. un cimetière
d. des champs
e. des jardins

8 Où est l'erreur ?
a. Il a continué à marcher.
b. Il à a faire ses devoirs.
c. J'ai des lettres à écrire.
d. Elle a joué à la poupée.
e. Nous avons des meubles à vendre.

9 Qu'est-ce ?

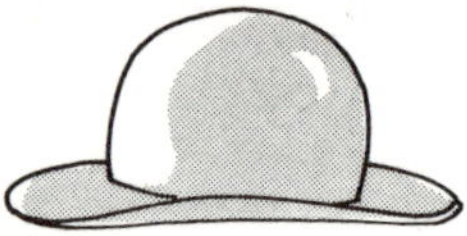

a. C'est un béret.
b. C'est une casquette.
c. C'est un chapeau mou.
d. C'est un chapeau melon.
e. C'est un chapeau claque.

10 Il y a une erreur :
a. Je regarde tomber la pluie.
b. Je ramasse les fruits tomber.
c. Veux-tu partager cette orange avec moi ?
d. Les enfants aiment se déguiser.
e. Elle aime tricoter des chaussettes.

11 Qu'est-ce qui n'a pas 2 pattes ?
  a. la cigogne
  b. le merle
  c. le chamois
  d. le moineau
  e. le pigeon

12 Où est la faute ?
  a. Ce sont des oiseaux.
  b. Ils ce sont blessés.
  c. C'est le vent qui gémit.
  d. Le soleil se cache.
  e. Ils se sont retrouvés.

13 Il y a une erreur:
  a. Ils sont en vacances au bord de la mer.
  b. Ils sont dans la mer.
  c. Ils sont sur la plage.
  d. Les enfants construisent un château de sable.
  e. Derrière, il y a des cabines.

14 Qu'est-ce qui peut être aussi un fruit ?
- a. la mitrailleuse
- b. le volcan
- c. le fusil
- d. la grenade
- e. le canon

☐

15 Quelle phrase est incorrecte ?
- a. Les enfants ont des livres neufs.
- b. Ont lançait la balle.
- c. Ils ont planté des pommes de terre.
- d. Toute la nuit, on a dansé.
- e. Le soir, on allume du feu.

☐

Unité 5

1 Quel mot n'existe pas ?
- a. un sot
- b. un seau
- c. un sceau
- d. une sauce
- e. des ceaux

☐

2 Que ne portez-vous pas en été ?
- a. un imperméable
- b. une veste
- c. un chapeau
- d. un manteau de fourrure
- e. des sandales

☐

3 Quel mot n'a pas le même son ?
   a. brun
   b. brin
   c. teint
   d. frein
   e. lin

4 Où est la faute ?
   a. Les générals ont été décorés.
   b. Jean achète son journal.
   c. Il fait des signaux avec ses bras.
   d. Je n'aime pas les travaux ménagers.
   e. Avec un marteau, on peut enfoncer un clou.

5 Qu'est-ce qui est inexact ?
   a. Jeanne porte une jupe.
   b. Elle a un foulard sur la tête.
   c. Elle porte sa veste claire.
   d. Elle a mis son manteau.
   e. Dans sa main droite, elle tient son sac à main.

6 Qui ne fait pas partie de la série ?
   a. un capitaine
   b. un chef
   c. un roi
   d. un empereur
   e. un sujet

7 Où est l'erreur ?

a. Attention à ce vase fragil.
b. Marie est une ouvrière habile.
c. Ils font un bruit infernal.
d. J'ai vu un accident mortel.
e. La lionne cruelle dévore la gazelle.

☐

8 Quel est le contraire de *grand* ?

a. petit
b. immense
c. énorme
d. moyen
e. minuscule

☐

9 Que représente ce dessin ?

a. C'est une barque.
b. C'est un canot.
c. C'est un voilier.
d. C'est un bateau à vapeur.
e. C'est une péniche.

☐

10 Quel est l'étranger de cette famille ?

a. crayon
b. stylo
c. plume
d. stylobille
e. livre

☐

11 Questions. – Où est la faute ?
a. Sait-elle qu'elle est jolie ?
b. Ferme-t-elle la porte à clef ?
c. A-t-il pris son manteau ?
d. Qui a oublié son imperméable ?
e. Regarde-il la télévision ? (ou la télé ?)

12 Qu'est-ce qui n'est pas en tissu ?
a. chaussures
b. tablier
c. écharpe
d. nappe
e. jupe

13 Qu'est-ce qui ne se dit pas ?
a. Asseyez-vous dans ce fauteuil.
b. Asseyez-vous sur ce fauteuil.
c. Prenez place sur cette chaise.
d. Prenez place sur ce banc.
e. Prenez place sur ce divan.

14 Qu'est-ce qui est juste ?
a. C'est un dromadaire.
b. C'est un dromédar.
c. C'est un dromédare.
d. C'est un chameau.
e. C'est un dromadair.

15 Où est la faute ?
a. La ville a été pris par l'ennemi.
b. Cette photo a été prise par mon frère.
c. Elle s'est fait faire une robe.
d. Cette chanson est chantée par des enfants.
e. Ces oiseaux sont enfermés dans une cage.

Unité 6

---

1 Quelle est la seule forme exacte ?
a. la literatur
b. la littérature
c. la litérature
d. la litterature
e. le littérature

2 Que ne buvez-vous pas ?
a. du vin
b. du vinaigre
c. de la bière
d. du cidre
e. du lait

3 Quel mot ne se prononce pas comme les quatre autres ?
a. rein
b. sein
c. sain
d. saint
e. brun

4 Il y a une erreur :
- a. Il a plongé dans les eaux froides.
- b. La fermière élève des chevaux.
- c. Elle n'aime pas les animals.
- d. Le berger garde les agneaux.
- e. Achète-moi les journaux du dimanche.

5 Qu'est-ce qui est exact ?
- a. Ce jeune homme porte une cravate.
- b. Ce monsieur porte un nœud papillon.
- c. Il porte une mouche.
- d. Ce monsieur a un chapeau sur la tête.
- e. Il porte des lunettes.

6 Que ne cherche-t-on pas dans un jardin zoologique ?
- a. un tigre
- b. un lion
- c. un crocodile
- d. un coq
- e. une girafe

7 Où est la faute ?
a. Nous avons visité la maison natale de George Sand.
b. Suivez cette route étroit.
c. Les enfants vont à l'école maternelle.
d. Elle est toujours sérieuse.
e. La vieille église tombe en ruines.

☐

8 Quel est le contraire de *reculer* ?
a. avancer
b. progresser
c. retarder
d. être en avance
e. être à l'heure

☐

9 Comment s'appelle ce chapeau ?
a. C'est un béret.
b. C'est un casque.
c. C'est une casquette.
d. C'est un chapeau melon.
e. C'est un képi.

☐

10 Où ne trouverez-vous pas d'eau ?
a. étang
b. lac
c. mare
d. mer
e. champ

☐

11 Quelle phrase n'a pas la forme d'une question ?

a. Est-ce que Michel joue du piano ?
b. Pierre joue-t-il de la flûte ?
c. Jouez-vous à la poupée ?
d. Paul joue de la trompette.
e. Vous souvenez-vous de moi ?

☐

12 Qui ne fait pas partie de la famille ?

a. une maman
b. une bonne
c. un fils
d. un oncle
e. un grand-père

☐

13 Où est l'erreur ?

a. Il rentra à skis.
b. Il rentra en skis.
c. Il arriva en sandales.
d. Il arriva en sabots.
e. Il arriva en cheval.

☐

14 Où est la faute ?

a. Elle se regarde dans sa miroir.
b. Elle se regarde dans son miroir.
c. Elle porte un chapeau.
d. Elle a ses lunettes de soleil sur le nez.
e. Elle a les cheveux longs.

☐

15 Qu'est-ce qui est faux ?
- a. Il a parlé de Balzac.
- b. Il a commenté Balzac.
- c. Il a parlé sur Balzac.
- d. Il a paraphrasé Balzac.
- e. Il a résumé Balzac.

☐

Unité 7

1 Qu'est-ce qui est faux ?
- a. la famme
- b. la femme
- c. la flamme
- d. la rame
- e. la dame

☐

2 Qu'est-ce qui ne fait pas partie de la série ?
- a. camarade
- b. ami
- c. copain
- d. collègue
- e. patron

☐

3 Quel est le mot qui ne commence pas par le même son ?
- a. gant
- b. gens
- c. garçon
- d. gare
- e. gauche

☐

4 Faut-il écrire *son* ou *sont* ?
Où est l'erreur ?
a. L'écolier a sorti son livre.
b. Les arbres sont verts.
c. Les bateaux son au port.
d. Le chasseur appelle son chien.
e. Grand-père et Jean sont dans la forêt.

☐

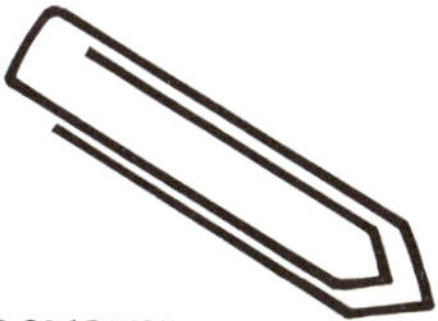

5 Qu'est-ce ?
a. C'est un trombone.
b. C'est une agrafe.
c. C'est une pince à cheveux.
d. C'est une pince à linge.
e. C'est une fermeture-éclair.

☐

6 Qu'est-ce qui n'est pas précisément un parfum ?
a. la rose
b. le lilas
c. l'œillet
d. l'encens
e. la fumée

☐

7 Où est la faute ?
a. Les journées sont longues.
b. Cette plume est léger.
c. Ces flocons de neige sont froids.
d. Il a déjà des cheveux blancs.
e. Cette valise est trop lourde.

☐

8 Quel est le contraire de *proche* ?
a. près de
b. éloigné
c. à côté
d. tout près
e. rapproché

9 Où est l'erreur ?
a. Le garçon de café apporte les consommations.
b. Les verres se trouvent sur un plateau.
c. Les verres sont sous le plateau.
d. Il y a trois verres sur le plateau.
e. Les clients ont commandé trois bières.

10 Pour aller à l'étranger, il vous faut :
a. un passeport
b. un passe
c. un passe-montagne
d. un passe-muraille
e. un passage

11 Où est la faute ?
- a. Est-ce que allez-vous au cinéma ?
- b. Allez-vous à la mer ?
- c. Quand partez-vous pour la campagne ?
- d. A quelle heure partez-vous ?
- e. A-t-il pris son parapluie ?

12 Quel mot ne fait pas partie de la même série ?
- a. père
- b. tante
- c. mère
- d. facteur
- e. fille

13 Qu'est-ce qui est faux ?
- a. Aller à cheval
- b. Aller à train
- c. Aller en voiture
- d. Aller en avion
- e. Aller à moto

14 Quelle est la formule correcte ?
- a. Elle porte son sac à sa épaule.
- b. Son sac est suspendu à sa épaule.
- c. Elle porte le sac à la épaule.
- d. Sa sac est suspendu à son épaule.
- e. Son sac est suspendu à son épaule.

15 Qu'est-ce qui est incorrect ?
   a. Il a pris ma main.
   b. Il a prendu son mouchoir.
   c. Il prit son manteau et partit.
   d. Prends ta veste, il fait froid aujourd'hui.
   e. La souris a été prise.

Unité 8

1 Qu'est-ce qui est faux ?
   a. la carafe
   b. la cravate
   c. la cravatte
   d. la cravache
   e. la couronne

2 Qu'est-ce qui ne sert pas dans un jardin ?
   a. un arrosoir
   b. un râteau
   c. une fourchette
   d. une brouette
   e. une bêche

3 Quel mot n'a pas le même son ?
   a. chant
   b. gant
   c. gond
   d. plan
   e. tu mens

4 Faut-il écrire *est* ou bien *et* ?
Cherchez l'erreur :
a. La lune est le soleil ne se rencontrent pas.
b. Le soleil est haut.
c. Pierre et Paul bavardent.
d. Le train est parti.
e. Je remplis mon panier de pommes et de poires.

5 Qu'est-ce ?
a. C'est un violon.
b. C'est une guitare.
c. C'est un piano.
d. C'est un clavecin.
e. C'est un luth.

6 Qu'est-ce qui ne fait pas partie du corps ?
a. l'épaule
b. les cheveux
c. les oreilles
d. les yeux
e. la chemise

7 Où est l'erreur ?
a. Cette femme est heureux.
b. Ces enfants sont peureux.
c. Pierre est orgueilleux.
d. Martine a été très courageuse.
e. Ces fillettes sont bien paresseuses.

8 Quel est le contraire de *riche* ?
a. pauvre
b. malade
c. misérable
d. malheureux
e. aisé

9 Qu'est-ce qui est faux ?
a. Son parapluie s'est retourné.
b. Son parapluie retourne.
c. Il y a du vent.
d. Elle se fait mouiller.
e. Le chien court devant elle.

10 Quel est l'étranger dans cette famille ?
a. plage
b. sable
c. soleil
d. maillot de bain
e. imperméable

11 Où est la faute ?
a. Est-ce que tu as vu mon frère ?
b. Est-ce que as-tu fini tes devoirs ?
c. Est-ce que nous mangeons bientôt ?
d. Est-ce que tu as pensé à moi ?
e. Est-ce que l'hiver est fini ?

12 Qu'est-ce qui étonne dans une salle de classe ?
a. tableau noir
b. banc
c. cahier
d. leçon
e. bateau

13 Que ne pouvez-vous pas lire ?
a. un journal
b. un roman
c. un film
d. une B.D. (bande dessinée)
e. un illustré

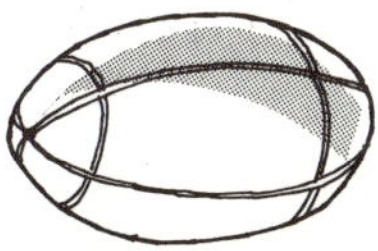

14 Qu'est-ce ?
a. C'est un ballon de football.
b. C'est un ballon de basket-ball.
c. C'est un ballon de hand-ball.
d. C'est un ballon de rugby.
e. C'est une balle de tennis.

15 Cherchez la faute:
   a. Elle ne s'est pas réveillée à l'heure aujourd'hui.
   b. Je lève tous les jours à 7 heures.
   c. Elle s'arrête devant toutes les vitrines.
   d. Il s'est habillé en hâte.
   e. Ne te couche pas trop tard!

Unité 9

1 Quel mot commence par un son différent?
   a. Jean
   b. gant
   c. jeune
   d. gens
   e. gentil

2 Qu'est-ce qui n'est pas blanc?
   a. une hermine
   b. l'encre
   c. la neige
   d. le papier
   e. le givre

3 Quelle est la forme correcte?
   a. le schtil
   b. le style
   c. le stil
   d. le stile
   e. la stile

4 Quelle phrase est tout à fait correcte ?
  a. Je vais à le marché.
  b. Allez-vous au marché avec moi ?
  c. Tu vas dans le marché ?
  d. Il va sur le marché.
  e. Nous allons chez le marché.

☐

5 Quelle affirmation est fausse ?
  a. Il se promène avec son chien.
  b. Il promène son chien.
  c. Il se promène sans son chien.
  d. Le chien accompagne son maître.
  e. Son chien est à côté de lui.

☐

6 Où ne dort-on pas en général ?
  a. sur une chaise-longue.
  b. sur un divan.
  c. dans un lit.
  d. sur une couchette.
  e. dans une armoire.

☐

7 Attention à *ses* et *ces*. Où est l'erreur ?
a. Jean est content, ses yeux brillent.
b. Ses sentiers mènent à la forêt.
c. Ces pommes sont mûres.
d. Bébé tend ses bras à sa maman.
e. Le fermier conduit ses bœufs à la rivière.

☐

8 Quel est le synonyme de *forêt* ?
(= quel mot a le même sens que *forêt* ?)
a. champ
b. bois
c. campagne
d. jardin
e. parc

☐

9 Qu'est-ce qui n'est pas vrai ?
a. C'est une étagère.
b. C'est une bibliothèque.
c. Il y a trois rayons.
d. Il y a un bouquet de fleurs sur l'étagère.
e. C'est une armoire.

☐

10 Qu'est-ce qui n'a pas quatre pattes ?
   a. la vache
   b. le taureau
   c. le pigeon
   d. le chien
   e. la souris

11 Laquelle de ces exclamations n'est pas bien construite ?
   a. Que c'est joli !
   b. Que joli c'est !
   c. Comme c'est joli !
   d. Combien c'est joli !
   e. C'est bien joli !

12 Lequel de ces récipients ne peut contenir de l'eau ?
   a. pot
   b. vase
   c. flacon
   d. passoire
   e. seau

13 Quelle phrase est incorrecte ?
   a. Il a volé l'argent de la vieille dame.
   b. Beaucoup d'argent ne rend pas toujours heureux.
   c. Beaucoup argent rend la vie plus agréable.
   d. Il avait beaucoup d'argent autrefois.
   e. Il a perdu tout son argent au jeu.

14 Qu'est-ce qui n'est pas vrai ?

a. La boulangère vend du pain.
b. Pierre vient d'acheter du pain.
c. Il demande une baguette et une couronne.
d. La couronne est ronde.
e. Une boulangère vend aussi de la viande.

15 Où est la faute ?

a. As-tu mangé ton potage ?
b. Non, je ne l'ai pas mangé.
c. Pourquoi pas ? J'en mangais tous les jours à ton âge.
d. Vous mangiez de la soupe tous les jours ?
e. Oui, sinon il n'y avait pas de dessert !

Unité 10

1 Quel mot a un son différent ?
a. saine
b. la Seine
c. la scène
d. la chienne
e. la reine

2 Qu'est-ce qui est rouge ?
a. une orange
b. le sang
c. la violette
d. le lilas
e. la nuit

3 Où est la faute ?
a. tu manges
b. il mange
c. nous mangons
d. ils mangent
e. vous mangez

4 Quelle phrase n'est pas bonne ?
a. Je regarde par la fenêtre.
b. Je regarde par la fenêtre dehors.
c. Je regarde les arbres par la fenêtre.
d. Je contemple le ciel.
e. Elle se contemple longtemps dans son miroir.

5 Qu'est-ce ?
   a. C'est le château.
   b. C'est l'église.
   c. C'est la mairie.
   d. C'est l'école.
   e. C'est une grosse ferme.

6 Qu'est-ce qui n'est pas fait pour s'y asseoir ?
   a. un siège
   b. une chaise
   c. un fauteuil
   d. un banc
   e. un buffet

7 Que direz-vous à un ami ?
   a. Téléphone-moi demain ?
   b. Téléphone à moi demain ?
   c. Téléphone demain moi.
   d. Téléphones-moi demain.
   e. Appele-moi demain.

8 Quelle est la phrase qui contredit les autres ?
   a. C'est bon marché.
   b. C'est trop cher.
   c. Ce n'est pas cher.
   d. C'est une bonne affaire !
   e. C'est une aubaine.

9 Qu'est-ce qui n'est pas vrai ?
a. C'est la nuit.
b. Il fait nuit noire.
c. Les étoiles brillent.
d. La lune s'est levée.
e. Il y a un beau clair de lune.

10 Qu'est-ce qui ne protège pas de la pluie ?
a. un parapluie.
b. une ombrelle.
c. un imperméable.
d. des bottes.
e. une pèlerine.

11 Quelle question n'est pas très bien posée ?
a. A quelle heure le train part ?
b. Quand le train part-il ?
c. Quand part le train ?
d. Savez-vous quand le train part ?
e. Sait-il que tu es là ?

12 Qu'est-ce qui n'est pas indispensable à un écolier ?
a. cahier
b. livre
c. stylo
d. crayon
e. fleur

13 Quelle réponse ne convient pas ?
  a. Pouvez-vous me changer ce billet de 100 Francs ?
  b. Non, je n'ai pas d'argent chez moi.
  c. Non, je n'ai jamais d'argent sur moi.
  d. J'ai oublié mon portefeuille.
  e. J'ai un peu de monnaie dans ma poche.

14 Quelle affirmation est impossible ?
  a. Jean apporte une lettre.
  b. Il met la lettre dans la boîte aux lettres.
  c. Il sort une lettre de la boîte aux lettres.
  d. La boîte aux lettres est fixée au mur.
  e. Il y a une fente pour laisser passer les lettres.

15 Trouvez la faute:
a. Elle a fermé la porte.
b. Aujourd'hui, cette porte est fermée.
c. Il a lavée sa chemise.
d. Nous avons entendu la cloche.
e. Les feuilles sont tombées des arbres.

☐

Unité 11

1 Quel mot n'a pas le même son ?
a. Jean
b. gant
c. mont
d. lent
e. gens

☐

2 Quel mot ne convient pas dans la série ?
a. maison
b. hutte
c. chaumière
d. appartement
e. armoire

☐

3 Quelle est la phrase exacte ?
a. J'ai un petit appartement.
b. J'ai un petit apartement.
c. J'ai un petit apartment.
d. J'ai une petit appartement.
e. J'ai un petite appartement.

☐

4 Où se trouve l'erreur ?
a. Elle dit tout à sa amie.
b. Elle dit tout à son amie.
c. Elle dit tout à sa mère.
d. Elle ne dit pas tout à son frère.
e. Dit-elle tout à son père ?

☐

5 Qu'est-ce ?
a. C'est une chaussure de montagne.
b. C'est une pantoufle.
c. C'est un sabot.
d. C'est une sandale.
e. C'est un chausson.

☐

6 Qu'est-ce qui n'a pas d'ailes ?
a. avion
b. pigeon
c. papillon
d. scorpion
e. moineau

☐

7 Que faut-il dire ?
a. Ne sors pas dans la pluie.
b. Ne sors pas en pluie.
c. Ne sors pas sous la pluie.
d. Ne pas sors sous la pluie.
e. Ne sors dans la pluie pas !

☐

8 Quel est le contraire de *froid* ?
a. frais
b. chaud
c. tiède
d. lourd
e. ensoleillé

☐

9 Quelle affirmation n'est pas exacte ?
a. C'est un bureau.
b. C'est un bureau ministre.
c. Il y a deux tiroirs à gauche et trois tiroirs à droite.
d. La corbeille à papier est à côté du bureau.
e. Sur le bureau se trouve le téléphone.

☐

10 Quel est l'intrus (ou : l'étranger) ?
a. le loup
b. le renard
c. l'agneau
d. le corbeau
e. le chat

☐

11 Laquelle de ces questions n'est pas bien posée ?
a. Qui dit la vérité ?
b. Que dit le professeur ?
c. Que l'élève répond ?
d. Que voyez-vous sur ce tableau ?
e. Quelle est la vérité ?

☐

12 Quel animal n'appartient pas à la même famille ?

a. poule
b. coq
c. poulet
d. poussin
e. porc

13 Quelle phrase est incorrecte ?

a. Peux-tu me prêter de l'argent ?
b. Je n'ai pas d'argent sur moi.
c. Donne-moi de la monnaie.
d. Je n'ai pas argent.
e. Je n'ai que des billets.

14 Quelle affirmation est fausse ?

a. Ce peintre compose un tableau.
b. Il dessine d'après nature.
c. Il copie une carte postale.
d. Il n'est pas devant la Tour Eiffel.
e. Il ne peint pas un paysage.

15 Où est l'erreur ?
a. Elle a repassé le linge.
b. Ta robe est mal repassé.
c. Simone, est-ce que Jean t'a rendu ta cassette ?
d. Nous avons fini notre travail.
e. Les travaux des champs sont finis.

☐

Unité 12

1 Quel mot se prononce différemment des autres ?
a. il venge
b. il change
c. il mélange
d. il longe
e. il range

☐

2 Lequel de ces mots ne représente pas une partie du corps ?
a. le pied
b. l'épaule
c. la cheville
d. le cou
e. la manche

☐

3 Où est l'erreur ?
   a. Il voyait tout.
   b. Elle ne voit pas bien.
   c. Tu vois bien.
   d. Nous voyons mal.
   e. Ils voyent mal.

4 Quelle phrase est incorrecte ?
   a. J'ai un grand chagrin.
   b. J'ai beaucoup de chagrin.
   c. J'ai beaucoup chagrin.
   d. J'ai très mal.
   e. J'ai beaucoup de travail.

5 Qu'est-ce qui est faux ?
   a. Il suspend au toit.
   b. Il est suspendu au bord du toit.
   c. Il a glissé du toit.
   d. Il couvre le toit de tuiles.
   e. C'est un couvreur qui a glissé du toit.

6 Qu'est-ce qui ne sert pas à table ?
a. la cuillère (ou cuiller)
b. le verre
c. la fourchette
d. la fourche
e. le couteau

7 Distinguez *on* et *ont*. Où est l'erreur ?
a. Je crois qu'on rira beaucoup.
b. Je crois qu'ont rira bien.
c. Je crois qu'on vous a vu.
d. On ne sait d'où il vient.
e. Ils ont pris la voiture.

8 Quel mot a presque le même sens que *beau* ?
a. laid
b. affreux
c. moche
d. joli
e. repoussant

9 Quelle affirmation n'est pas exacte ?
   a. La table est mise.
   b. La serveuse a oublié de mettre la nappe.
   c. Il y a deux assiettes et deux verres.
   d. Le couvert est mis pour deux personnes.
   e. La serveuse apporte la soupière.

☐

10 Quel mot est seul de son espèce ?
   a. fauteuil
   b. chaise
   c. tabouret
   d. banc
   e. table

☐

11 Quelle question n'est pas correcte ?
   a. Que voulez-vous ?
   b. Que puis-je faire pour vous ?
   c. Que me racontez-vous là ?
   d. Quoi ! Vous n'avez pas encore terminé cette lettre ?
   e. Quoi avez-vous dit ?

☐

12 Qu'est-ce qui n'a pas d'ailes ?
a. une abeille
b. un ange
c. une hirondelle
d. une fleur
e. un moustique

13 Quelle phrase est incorrecte ?
a. Sophie achète du pain, du vin et du fromage.
b. Pour le dîner, Sophie achète vin, pain et fromage.
c. Je voudrais du saucisson, s'il vous plaît.
d. Voulez-vous un peu de porto ?
e. Non, je préfère du whisky.

14 Quelle affirmation est exacte ?
a. C'est un moulin à eau.
b. C'est un vieux moulin à vent.
c. Ses ailes tournent lorsqu'il n'y a pas de vent.
d. Ce moulin se trouve au fond de la vallée.
e. Ce moulin a besoin d'eau pour marcher.

15 Qu'est-ce qui n'est pas français ?
a. Jean est né au 15ème mai 1965.
b. Je suis né en juin.
c. Ma sœur est née le 1er février 1956.
d. Charles Quint vécut de 1500 à 1558.
e. La première guerre mondiale commença en 1914.

☐

Unité 13

1 Quel mot n'a pas le même son ?
a. ils sont
b. il sent
c. le son
d. le rond
e. le bon

☐

2 Qu'est-ce qui ne contient pas d'alcool ?
a. l'apéritif
b. la bière
c. le vinaigre
d. l'eau-de-vie
e. le lait

☐

3 Quelle formule n'est pas acceptable ?
a. un beau matin
b. un bel après-midi
c. une belle après-midi
d. un beau après-midi
e. une belle matinée

☐

4 Quelle est la phrase correcte ?
   a. Il répond ne pas à ma question.
   b. Il répond une question.
   c. Je réponds sur ta question.
   d. Il ne répond pas à ma question.
   e. Il ne répond à ma question pas.

☐

5 Qu'est-ce ?
   a. C'est une rose.
   b. C'est une jonquille.
   c. C'est du lilas.
   d. C'est une violette.
   e. C'est une tulipe.

☐

6 Que ne mettez-vous pas sur votre tête ?
   a. carré de soie
   b. chapeau
   c. bonnet
   d. coiffe
   e. gants

☐

7 Qu'est-ce qui ne va pas ?
   a. Il beaucoup travaille.
   b. Il a beaucoup travaillé.
   c. Il travaille beaucoup.
   d. Il a fumé beaucoup.
   e. Il a beaucoup fumé.

☐

8 Qu'est-ce qui fait partie du couvert?
a. un balai
b. une louche
c. une fourchette
d. une scie
e. une passoire

9 Qu'apporte le facteur? Le facteur apporte:
a. une lettre
b. un télégramme
c. un journal
d. un paquet
e. un mandat

10 Quel est l'étranger dans cette série?
a. parler
b. raconter
c. dire
d. discourir
e. chanter

11 Où est la faute?
a. Où allez-vous?
b. Ils allent bien.
c. Nous allons à Paris.
d. Je vais bien.
e. Ils iront faire du ski.

12 Qu'est-ce qui n'est pas un poisson?

a. une carpe
b. une morue
c. une truie
d. une sardine
e. une truite

13 Cherchez la faute?

a. La soupe est bonne.
b. La soupe est bon.
c. Le potage est bon.
d. Ce livre est intéressant.
e. Cette dame est charmante.

14 Quelle affirmation est fausse?

a. La chandelle brûle.
b. La chandelle est allumée.
c. La bougie est éteinte.
d. Le bougeoir est posé sur la table.
e. La chandelle éclaire la pièce.

15 Qu'est-ce qui n'est pas exact?

a. Ma chambre est trop petite.
b. Ton oreille est rougie par le froid.
c. Ma fille rentre d'Angleterre ce soir.
d. Ma usine ferme au mois d'août.
e. Ta fabrique restera ouverte en juillet.

Unité 14

1 Quel est le mot qui ne contient pas le même son ?
a. bien
b. rien
c. mien
d. tien
e. main

2 Qu'est-ce qui ne sert pas à boire ?
a. verre
b. tasse
c. bol
d. coupe
e. assiette

3 Où est l'erreur ?
a. une instruction
b. une attention
c. une sélection
d. un condamnation
e. une collaboration

4 Quelle phrase n'est pas correcte ?
a. Bonjour, Madame, je voudrais du lait, s'il vous plaît.
b. Combien de litres de lait ?
c. Deux litres de lait.
d. Et un peu de beurre.
e. Ajoutez un peu saucisson.

5 Que représente ce dessin ?
a. une voiture
b. un autocar
c. un autobus
d. un trolleybus
e. un tramway

☐

6 Quel est l'étranger dans cette série ?
a. un journal
b. un illustré
c. une revue
d. un hebdomadaire
e. un manuscrit

☐

7 Quelle question est exacte ?
a. Combien enfants avez-vous ?
b. Combien des enfants avez-vous ?
c. Combien d'enfants avez-vous ?
d. Combien enfants vous avez ?
e. Combien d'enfant avez-vous ?

☐

8 Où trouverez-vous certainement des tiroirs ?
a. dans un lit
b. dans une armoire
c. dans une commode
d. dans une chaise
e. dans une table

☐

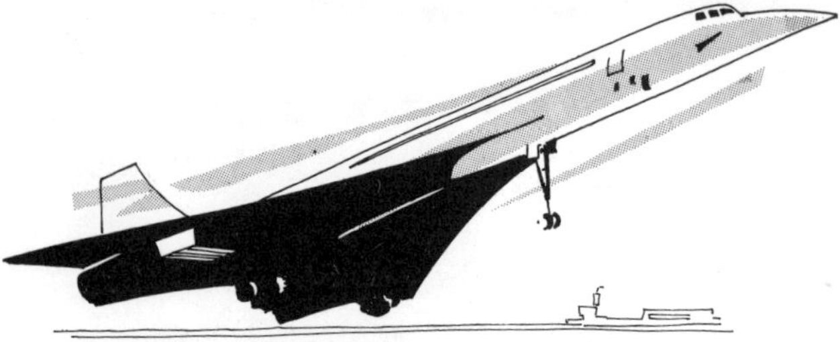

9 Quelle phrase est fausse ?
- a. Cet avion s'envole.
- b. Cet avion atterrit.
- c. Cet avion quitte la piste d'envol.
- d. Cet avion s'élance dans les airs.
- e. Cet avion s'élève dans le ciel.

10 Où ne chercherez-vous pas une chambre pour la nuit ?
- a. dans un hôtel
- b. dans un motel
- c. dans une auberge
- d. dans un pensionnat
- e. dans une pension

11 Où est l'erreur ?
- a. Vois-tu cette maison là-bas ?
- b. Je ne la vois pas bien.
- c. Tu voiras mieux avec tes lunettes.
- d. Nous verrons si tu as raison.
- e. Il vit que tout était perdu.

12 Qu'est-ce qui ne vous est pas très utile pour coudre ?
- a. des ciseaux
- b. du fil
- c. un marteau
- d. de la soie
- e. une aiguille

13 Cherchez l'erreur:
a. Ma chambre est grande.
b. Mon fils est déjà grande.
c. Ma fille est grande aussi.
d. Vos enfants sont déjà grands, n'est-ce pas ?
e. Les grands de ce monde font l'histoire.

14 Quelle affirmation est inexacte ?
a. C'est une couronne.
b. Elle est richement décorée.
c. Elle est en or.
d. Elle est légère comme une plume.
e. Elle ne ressemble pas à un chapeau.

15 Cherchez l'erreur:
a. Son amie l'attend.
b. Son ami revient demain.
c. Sa amie lui a promis un livre.
d. Marie a un chien: c'est son chien.
e. Paul a un chat: c'est son chat.

Unité 15

1 Quel mot n'a pas le même son ?
a. l'an
b. l'on
c. Jean
d. le flanc
e. les gens

2 Qu'est-ce qui ne vous est pas indispensable à la chasse ?
a. cartouche
b. fusil
c. machine à coudre
d. chien
e. cheval

3 Vérifiez les articles : où est l'erreur ?
a. le chantage
b. la garage
c. la parade
d. le mensonge
e. la rive

4 Quelle est la phrase exacte ?
a. Voulez-vous un peu beurre ?
b. Voulez-vous un peu du beurre ?
c. Voulez-vous un peu de la beurre ?
d. Voulez-vous un peu de beurre ?
e. Voulez-vous un peu du lait ?

5 Qu'est-ce ?
a. une chaussure
b. un escarpin
c. une sandale
d. une pantoufle
e. une botte

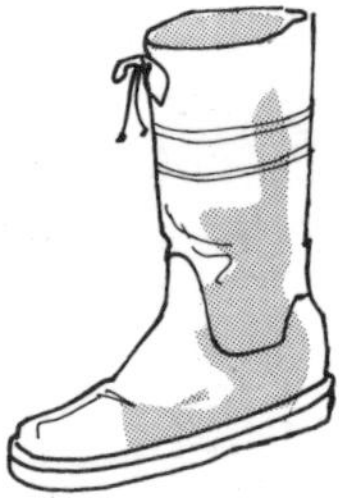

6 Qu'est-ce qui est inutile pour confectionner un gâteau ?
a. de la farine
b. du lait
c. des œufs
d. du beurre
e. une mule

7 Cherchez l'erreur:
a. Il y a beaucoup fumée dans cette pièce.
b. Cette pièce est bien enfumée.
c. On a fumé beaucoup dans cette pièce.
d. Bien des gens ont fumé ici.
e. Beaucoup de gens ont fumé ici.

☐

8 Où ne trouverez-vous pas le grenier?
a. dans la maison
b. au-dessus de l'appartement
c. sous le toit
d. sous le rez-de-chaussée
e. tout en haut de la maison

☐

9 Quelle phrase ne convient pas?
a. Monsieur offre un bouquet de fleurs à Madame.
b. Il tend un bouquet de fleurs à Madame.
c. Il donne un bouquet de fleurs à Madame.
d. Il offre des fleurs à une dame.
e. Il jette des fleurs à la dame.

☐

10 Qu'est-ce qui n'est pas en métal ?
a. un clou
b. des bas
c. de la monnaie
d. une bague
e. un couteau

☐

11 Où est l'erreur ?
a. Il fait très beau aujourd'hui.
b. Hier, il a fait beau.
c. Il fesait beau hier.
d. Espérons qu'il fera beau dimanche.
e. Que faites-vous dimanche ?

☐

12 Qu'est-ce qui ne fait pas partie de la panoplie du fumeur ?
a. un briquet
b. un cigare
c. du papier à cigarettes
d. du fumier
e. du tabac

☐

13 Où est l'erreur ?
a. Jean joue du piano.
b. Marie joue du violon.
c. Paul joue clavecin.
d. Georges joue de la guitare.
e. Nous jouons aux cartes le samedi soir.

☐

14 Quelle affirmation est fausse ?
   a. On entend le tonnerre.
   b. On voit des éclairs.
   c. Il pleut à verse.
   d. Le promeneur se dépêche de rentrer.
   e. Le temps est magnifique.

15 Si on vous demande : *Comment allez-vous ?* que ne direz-vous pas ?
   a. Je vais bien, merci !
   b. Je vais bon, merci !
   c. Je vais mal, malheureusement !
   d. Je ne vais pas trop mal !
   e. Ça va à peu près !

Réponses

Lautschriftzeichen

[a] comme **papa** [papa]
[ɑ] comme **tasse** [tɑːs]
[ɑ̃] comme **enfant** [ɑ̃fɑ̃]
[e] comme **école** [ekɔl]
[ɛ] comme **père** [pɛr]
[ɛ̃] comme **prince** [prɛ̃ːs]
[ə] comme **amener** [aməne]
[i] comme **ici** [isi]
[o] comme **bureau** [byro]
[ɔ] comme **col** [kɔl]
[ɔ̃] comme **mon** [mɔ̃]
[ø] comme **deux** [dø]
[œ] comme **neuf** [nœf]
[œ̃] comme **un** [œ̃]
[u] comme **ou** [u]
[y] comme **sur** [syr]
[ː] bezeichnet einen langen Vokal

[k] comme **c**arte [kart]
[p] comme **P**aris [pari]
[s] comme **s**on [sɔ̃]
[z] comme dé**s**irer [dezire]
[ʃ] comme **ch**ose [ʃoːz]
[ʒ] comme **j**ournal [ʒurnal]
[t] comme **t**able [taːbl]
[v] comme **v**in [vɛ̃]
[ɲ] comme champa**gn**e [ʃɑ̃paɲ]
[j] comme jo**y**eux [ʒwajø]
[w] comme **ou**i [wi]
[ɥ] comme h**u**it [ɥi(t)]

Réponses

Unité 1

1 **d**
2 **c.** Un phare émet des signaux lumineux pour les bateaux sur les côtes.
3 **b.** Régionalement, et dans des textes anciens, *dîner* a aussi le sens du *déjeuner* de midi.
4 **e.** Il faut dire: *nous nous promenons tous les jours*.
5 **e.** *Le bouchon* est sur la table, à côté de la bouteille.
6 **e.** Du moins, ce serait difficile et dangereux! Les *marais* ou les *marécages* sont des étendues d'eau peu profondes où l'on s'enlise (= s'enfonce).
7 **a**
8 **b.** Poils au-dessus des yeux; ne pas confondre avec les *cils* qui bordent les paupières.
9 **e**
10 **e.** Il se dirige vers une maison, pas obligatoirement la sienne.
11 **a.** *Silencieux* = qui se tait; *agité*: qui s'active en tous sens; *immobile*: qui ne fait aucun mouvement; un ciel sans nuages est *serein*; un visage *serein*.
12 **e.** Je ne me présente pas moi-même; je présente Monsieur Dupont à une tierce personne.
13 **d**
14 **a**
15 **b.** *Un cache-nez* est une écharpe.

Unité 2

1 **d.** Remarque: les nombres sont *pairs* ou *impairs*.
2 **e.** *La nouvelle lune* est invisible.
3 **a**

4 **a.** Le verbe *aider* est transitif direct.
5 **c**
6 **d**
7 **d.** *Dominique* peut être féminin ou masculin.
8 **b**
9 **e.** *J'ai le cafard* est une expression imagée et familière pour: *je suis triste*.
10 **c.** Nous nous couvrons d'*une couverture* la nuit pour dormir.
11 **d.** Toutes les autres formules contiennent un partitif, *du lait, du sucre*, donc un peu de lait, un peu de sucre et non pas tout le lait . . .
12 **c**
13 **c.** Mais *le tas de fumier* disparaît aussi des fermes modernes!
14 **e.** *La laisse* est le lien ou la courroie qui retient le chien.
15 **b**

Unité 3

1 **d.** *-en* et *-an* se prononcent [ɑ̃]: *gens, mens, tant* et *gant*. *-ain, -ein* et *-in* se prononcent [ɛ̃]: *maint*.
2 **b.** *Elle se regarde dans le miroir!*
3 **e.** Les autres termes signifient *commerçant* en général.
4 **b.** *boire*
5 **d.** Elle ne se baigne pas en ce moment, elle n'est pas dans l'eau.
6 **c.** *Je vais fermer la fenêtre.*
7 **e.** *Un traîneau* n'a pas de roues, il glisse sur la neige.
8 **e.** Cherchez-le plutôt en montagne!
9 **d.** *Il monte sur une échelle.*
10 **c.** *Il a oublié ses cahiers . . .*
11 **e.** On ne voit pas à travers le bois: il est opaque.
12 **c.** *Je crois ce que vous dites.*
13 **d.** Non, ce n'est pas le premier, c'est le second qui porte un chapeau.

14 **d.** *Le chou-fleur* est un légume.
15 **b.** *Le cheval rentre à l'écurie.*

Unité 4

1 **e.** Dans *sans, cent, sang* et *santé,* il y a le son [ɑ̃]. Dans le mot *saint,* le son [ɛ̃].
2 **e.** *Un drame* est, dans la littérature moderne, une pièce de théâtre.
3 **b.** *Une photo*
4 **c.** *Nous avons changé* . . . . La terminaison *-er* est pour l'infinitif, la terminaison *-é* pour le participe passé.
5 **b**
6 **d.** *Les choux* sont verts ou rouges.
7 **a.** *Un gratte-ciel* est un immeuble très haut.
8 **b.** Attention aux accents: *Il a à faire ses devoirs.* Vous pourriez dire: *j'ai à faire* mes devoirs. *Il a, elle a* (verbe avoir) s'écrit toujours sans accent. Mais: *je rentre à la maison* (à = préposition).
9 **d**
10 **b.** *Je ramasse les fruits tombés.*
11 **c.** un chamois

12 **b.** *Ils se sont blessés. Ce* est un démonstratif, *se* est un pronom personnel réfléchi. Donc vous direz: *Regarde ce papillon.* Mais: *Il se lave* (lui-même).

13 **b.** Ils ne sont pas dans l'eau, ils sont sur la plage.
14 **d.** C'est un fruit exotique et une arme.
15 **b.** *On* lançait la balle. *Ont* est la 3e personne du pluriel du présent du verbe avoir.

Unité 5

1 **e.** a. Tu es un *sot* = tu es bête.
b. 
un seau
c. 

un sceau
d. *La sauce*: le liquide qui accompagne la viande.
2 **d.** On porte *un imperméable* quand il pleut.
3 **a.** *brun:* [œ̃] ; *brin, teint, frein, lin:* [ɛ̃]
4 **a.** *Les généraux ont été décorés*; le pluriel des substantifs terminés en *-al* est en *-aux*.
5 **d.** Une veste est courte, un manteau est plus long.
6 **e.** *Les sujets* obéissent au roi, à l'empereur, ils ne commandent pas.
7 **a.** *Attention à ce vase fragile*.
8 **a.** Remarque: *minuscule* veut dire extrêmement petit.
9 **c.** *Une péniche* circule sur les canaux et transporte des matériaux lourds, du charbon par exemple.

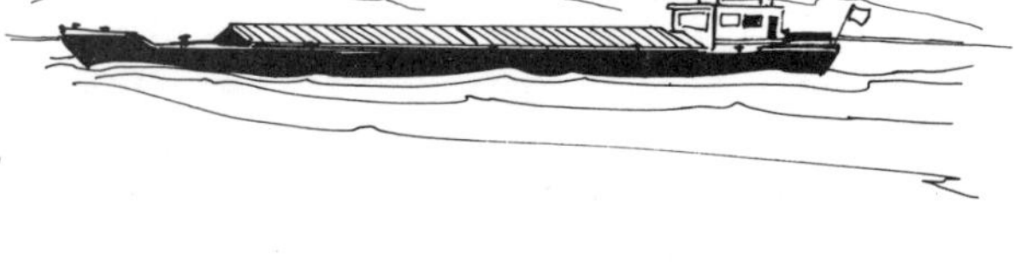

10 **e.** *Le livre* est écrit, mais n'écrit pas!
11 **e.** *Regarde-t-il la télévision?*
12 **a.** *Les chaussures* sont en cuir, en général.
13 **b.** *Asseyez-vous dans ce fauteuil.*
14 **a.** Il n'a qu'une bosse.
15 **a.** *La ville a été prise par l'ennemi.* A la forme passive, le participe passé du verbe s'accorde avec le sujet. Ainsi, il faudrait dire: *le* château a été *pris*.

Unité 6

1 **b**
2 **b.** *Le vinaigre,* mélangé à l'huile, sert à faire une vinaigrette pour la salade.
3 **e.** *brun:* [œ̃]. Les autres mots ont le son [ɛ̃].
4 **c.** *Elle n'aime pas les animaux.* Le pluriel des substantifs terminés en *-al* est en *-aux*. Par exemple: *un cheval, des chevaux.*
5 **b**
6 **d.** Cherchez *le coq* dans la basse-cour.
7 **b.** *Suivez cette route étroite.*
8 **a**
9 **e**
10 **e.** Sauf lorsque le champ est inondé . . .
11 **d.** Mais vous pouvez, par l'intonation de votre voix, donner un tour interrogatif à cette phrase.
12 **b.** *La bonne* est l'employée qui fait le ménage, les courses, la cuisine.
13 **e.** *Il arriva à cheval.*
14 **a.** est faux, car on dit le miroir: *son miroir.*
15 **c.** *Il a parlé de Balzac.*

Unité 7

1 **a.** Ce mot n'existe pas.
2 **e.** *Le patron* est un supérieur. Les autres termes impliquent une idée d'égalité.

3 **b.** La consonne *g* devant les voyelles *i* et *e* se prononce [ʒ], (comme le génie), et devant les voyelles *a, o* et *u* [g].

4 **c.** *Les bateaux sont au port. Sont* est la 3e personne du pluriel du présent du verbe être; *son* est un possessif. Exemple: *Son bateau est grand.*

5 **a.** Ce mot désigne aussi un instrument de musique.

6 **e.** *La fumée* des cigarettes ou d'une cheminée par exemple.

7 **b.** *Cette plume est légère.* Le féminin des mots terminés en *-ger* est en général en *-gère*.

8 **b**

9 **c.** C'est impossible! *Les verres sont sur le plateau!*

10 **a.** b. *Un passe* est une clef qui ouvre toutes les serrures.
c. *Un passe-montagne*

d. *Un passe-muraille:* ce mot n'existe pas.

11 **a.** *Est-ce que vous allez au cinéma?:* après *est-ce que* le verbe reste à la forme affirmative.

12 **d.** *Le facteur* est l'employé des Postes qui distribue le courrier.

13 **b.** Dites plutôt: *aller à bicyclette*

14 **e.**
a. *Elle porte son sac à son épaule.*
b. *Son sac est suspendu à son épaule.*
c. *Elle porte le sac à l'épaule.*
d. *Son sac est suspendu à son épaule.*

15 **b.** *Il a pris son mouchoir.*

Unité 8

1 **c.** Tous les autres mots sont justes.
2 **c.** Prenez plutôt *une fourche !*
3 **c.** Il faut huiler les *gonds* d'une porte pour qu'elle ne grince pas.
4 **a.** *La lune et le soleil . . .*: *est* 3e personne du singulier du verbe être.
5 **a**
6 **e.** C'est un vêtement.
7 **a.** *Cette femme est heureuse.* Le féminin des adjectifs terminés en *-eux* est en *-euse.* Mais: *cet homme est heureux.*
8 **a**
9 **b.** Impossible. Dites: *son parapluie se retourne* ou *s'est retourné,* mais: *je retourne à la maison, parce que j'ai oublié mon parapluie.*
10 **e**
11 **b.** *Est-ce que tu as fini tes devoirs ?*
12 **e.** Sauf s'il s'agit d'un modèle réduit, bien sûr!
13 **c.** Impossible: *voir un film.*
14 **d.** En effet, il est ovale, il n'est pas rond.
15 **b.** *Je me lève tous les jours à 7 heures.*

Unité 9

1 **b.** *g* devant *e* et *i* a la même prononciation que j: [ʒ].
2 **b**
3 **b**
4 **b.** *Aller au marché,* mais *chez* la boulangère.
5 **c**
6 **e**
7 **b.** *Ces sentiers mènent à la forêt. Ses* est un adjectif possessif, *ces* est un adjectif démonstratif.
8 **b.** *Un bois* est une petite forêt.
9 **e.** Ce n'est pas *une armoire,* car il n'y a pas de portes.
10 **c.** *Le pigeon* est un oiseau, il y en a beaucoup dans les villes.

11 **b.** Impossible en français.
12 **d.** *Une passoire* a des trous pour laisser passer l'eau.
13 **c.** Adverbe de quantité + de + substantif: *beaucoup d'argent.*
14 **e.** C'est *le boucher* qui vend de la viande.
15 **c.** *J'en mangeais tous les jours* . . . . ga = [ga], gea = [ʒa]

Unité 10

1 **d.** *La chienne* a le son [jɛn], les autres mots, le son [ɛn].
2 **b**
3 **c.** Nous *mangeons.* Pour garder la même prononciation qu'aux autres personnes, il faut ajouter un *e* entre *g* et *o* et *g* et *a.*
4 **b.** Regarder par la fenêtre = regarder dehors.
5 **b**
6 **e.** *Le buffet* sert à ranger la vaisselle.
7 **a.** b, c, d: *Téléphone-moi demain.*
e. *Appelle-moi demain.*
8 **b.** *C'est une aubaine* = c'est une bonne occasion.
9 **b.** Non, puisqu'il y a un clair de lune.
10 **b.** *Une ombrelle* vous protégera du soleil.
11 **a.** *A quelle heure le train part-il?*
12 **e**
13 **b.** *Chez moi* signifierait *à la maison.* Il faut dire *sur moi.*
14 **c.** Impossible! Seul le facteur a la clef de la boîte aux lettres.
15 **c.** *Il a lavé sa chemise.* Aux temps composés des verbes conjugués avec avoir, le participe passé s'accorde avec l'objet direct (accusatif), lorsqu'il est avant le verbe, par exemple: *Voici la chemise qu'il a lavée.*

Unité 11

1 **c**
2 **e.** On ne peut habiter dans *une armoire.*

3 **a**
4 **a.** *Elle dit tout à son amie.*
5 **d**
6 **d**
7 **c**
8 **b**
9 **c.** C'est le contraire: *il y a deux tiroirs à droite et trois à gauche.*
10 **d.** *Le corbeau* est un oiseau.
11 **c.** *Que répond l'élève ?*
12 **e.** *Le porc* ne fait pas partie de la basse-cour.
13 **d.** *Je n'ai pas d'argent.*
14 **b**
15 **b.** *Ta robe est mal repassée.* Le participe passé d'un verbe au passif s'accorde avec le sujet.

Unité 12

1 **d**
2 **e.** Les manteaux et les vestes ont *des manches.*
3 **e.** *Ils voient mal.*
4 **c.** *J'ai beaucoup de chagrin.*
5 **a.** Impossible! *Il est suspendu au toit.* Mais *je suspends un tableau au mur.*
e. *Un couvreur* est un homme qui couvre les toits de tuiles, d'ardoises, etc.
6 **d.** On a besoin d'*une fourche* pour les travaux des champs. On représente souvent le diable avec *une fourche* à la main!
7 **b.** *Je crois qu'on rira bien.*
8 **d.** Remarque: *moche* est familier et signifie *laid,* ou encore *désagréable.*
9 **b**
10 **e.** *Un tabouret* est un siège sans dossier.
11 **e.** *Qu'avez-vous dit ?*
12 **d**
13 **b.** *Sophie achète du pain, du vin et du fromage.*
14 **b**
15 **a.** *Jean est né le 15 mai 1965.*

Unité 13

1 **b**
2 **e**
3 **d.** Dire: *un bel après-midi* ou *une belle après-midi*.
4 **d**
5 **e**
6 **e.** On porte *des gants* aux mains.
7 **a.** *Il travaille beaucoup*.
8 **c**
9 **d**
10 **e**
11 **b.** *Ils vont bien*.
12 **c.** *Une truie:* femelle du porc (ou du cochon).
13 **b.** *La soupe est bonne*.
14 **c**
15 **d.** *Mon usine ferme au mois d'août*, parce que *usine* commence par une voyelle.

Unité 14

1 **e.** *Main* a le son [ɛ̃], les autres mots ont le son [jɛ̃].
2 **e.** On mange dans *une assiette*.
3 **d.** *Une condamnation*.
4 **e.** *Ajoutez un peu de saucisson*.
5 **e**
6 **e.** *Le manuscrit* n'est pas imprimé.
7 **c**
8 **c**
9 **b**
10 **d.** *Un pensionnat* est une école qui garde les élèves en pension, c'est-à-dire les nourrit et les loge.
11 **c.** *Tu verras mieux avec tes lunettes*.
12 **c.** *Un marteau* sert à enfoncer un clou.
13 **b.** *Mon fils est déjà grand*.
14 **d.** Si elle est en or, elle est lourde!
15 **c.** *Son amie lui a promis un livre.*

Unité 15

1 **b**
2 **c.** On a besoin d'*une machine à coudre* pour faire les vêtements.
3 **b.** *Le garage.* Les mots terminés en *-age* sont en général masculins.
4 **d.** *Un peu de*
5 **e.** *Un escarpin* est une chaussure de femme à talon haut.

6 **e.** *Une mule* est un animal, issu de l'âne et du cheval.
C'est aussi une pantoufle à talons, ouverte derrière.
7 **a.** *Il y a beaucoup de fumée . . .*
8 **d.** Sous le rez-de-chaussée se trouve la cave.
Le grenier est sous le toit.
9 **e**
10 **b.** *Les bas* sont en nylon, en laine ou en coton.
11 **c.** *Il faisait beau hier,* mais on prononce: fesait.
12 **d.** Autrefois, il y avait *un gros tas de fumier* devant les fermes qui avaient beaucoup de bétail.
13 **c.** *Paul joue du clavecin.* On joue *d'*un instrument et *à* un jeu ou *à* un sport.
14 **e**
15 **b.** *Je vais bien.*

Ihr Testergebnis

Unité 1	
Unité 2	
Unité 3	
Unité 4	
Unité 5	
Unité 6	
Unité 7	
Unité 8	
Unité 9	
Unité 10	
Unité 11	
Unité 12	
Unité 13	
Unité 14	
Unité 15	
GESAMT	

Wie geht es weiter?

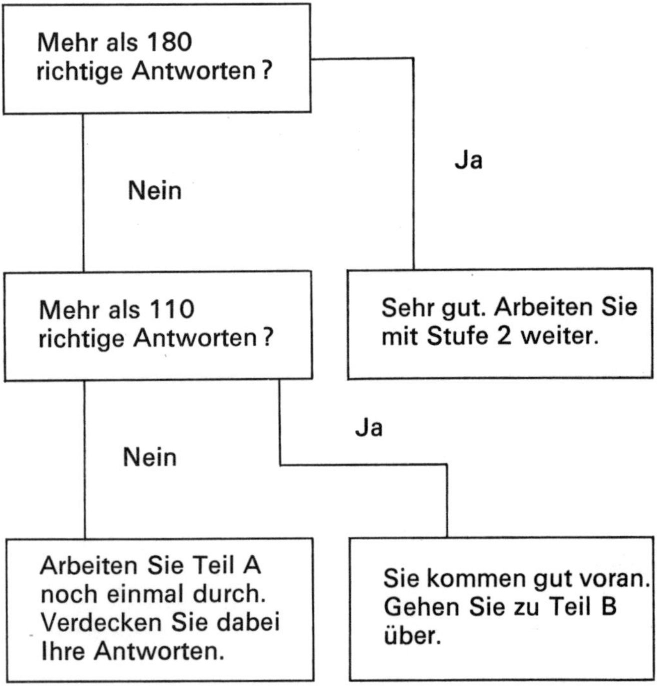

TEIL B

Unité 1

1 Quel mot n'a pas le même son ?
  a. on
  b. en
  c. mon
  d. ton
  e. thon

☐

2 Quel est l'étranger dans la famille ?
  a. laine
  b. coton
  c. lin
  d. soie
  e. nylon

☐

3 Où est l'erreur ?
  a. le plage
  b. le sage
  c. le courage
  d. l'éclairage
  e. le chantage

☐

4 Où est la faute ?
  a. Cette bouteille est pleine de vin.
  b. Cette carafe est pleine cognac.
  c. Ce garçon est plein de courage.
  d. En hiver, les forêts sont couvertes de neige.
  e. Il aime boire du vin blanc.

☐

5 Qu'est-ce ?
a. C'est une mappemonde.
b. C'est une carte postale.
c. C'est une carte de géographie.
d. Elle représente l'Angleterre.
e. C'est la carte de la Grande-Bretagne.

6 Que ne trouverez-vous pas sur un pommier ?
a. des feuilles
b. des branches
c. des fleurs
d. des poires
e. des fruits

7 Cherchez l'erreur :
a. Veux-tu me passer le pain ?
b. Bien sûr ! Voilà. Passe-moi le vin, s'il te plaît.
c. Et moi, je voudrais de l'eau.
d. Qui veut encore la soupe ?
e. Merci, je préfère attendre le dessert.

8 Quel est le contraire de rire ?
a. sourire
b. pleurer
c. pleurnicher
d. se moquer
e. railler

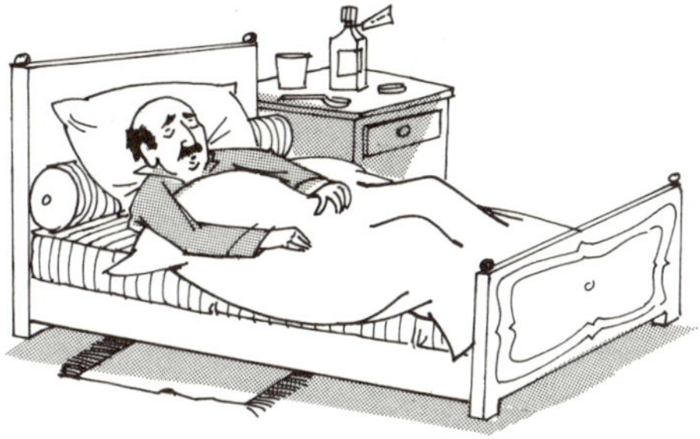

9 Quelle est la phrase exacte ?
a. Il est couché par terre.
b. Il est couché dans son lit.
c. Il se couche par terre.
d. Il est couché sous son lit.
e. Il se couche sous son lit.

10 Qu'est-ce qui ne sert pas à faire le lit ?
a. une couverture
b. une brosse à cheveux
c. un drap
d. un oreiller
e. un édredon

11 Où est l'erreur ?
a. J'irais à la campagne s'il faisait beau.
b. Tu iras au cinéma samedi.
c. J'irais à Paris dans huit jours.
d. Elle viendrait volontiers, si tu le voulais.
e. Il viendra te chercher à la gare.

12 Pour traverser l'océan, lequel de ces moyens de locomotion choisirez-vous ?
a. le vélo
b. l'auto
c. la diligence
d. le bateau
e. le tramway

13 Quelle phrase est incorrecte ?
a. J'assois une chaise.
b. Je suis assis sur la chaise.
c. Je m'assieds sur la chaise.
d. Je m'assois sur la chaise.
e. J'assieds le petit garçon sur le banc.

14 Quelle affirmation est fausse ?
a. Le barman (ou garçon) est derrière le comptoir.
b. Le barman est derrière le zinc.
c. Un client est assis sur un tabouret.
d. Il y a encore trois tabourets libres.
e. Il n'y a rien sur le comptoir.

15 Où est la faute ?
a. C'est un homme qui vend des livres.
b. C'est l'homme que j'ai vu hier.
c. C'est Chantal qui porte mon manteau.
d. C'est le train qui nous prenons.
e. C'est une femme qui s'habille très bien.

Unité 2

1 Quel mot n'a pas le même son ?
a. reine
b. renne
c. traîne
d. Vienne
e. rêne

2 Qu'est-ce qui ne se mange pas ?
a. un gâteau
b. un rôti
c. un bifteck
d. un potage
e. un potager

3 Où est la faute ? Quel mot n'existe pas ?
a. il change
b. il range
c. il mélange
d. il vange
e. il allonge

4 Où est la faute ?
   a. La mère donne le potage à ses enfants.
   b. Avec appétit, les enfants le mange.
   c. Le vent arrache les feuilles et les chasse dans le sentier.
   d. Le chat guette les souris et les attrape.
   e. Dans le peuplier nichent des merles.

5 Quelle est la bonne solution ?
   a. C'est un chameau.
   b. C'est un camel.
   c. C'est un kamell.
   d. C'est un dromadaire.
   e. C'est un chameaux.

6 Qu'est qui ne se boit pas ?
   a. de la bière
   b. du vin
   c. de l'eau
   d. du café
   e. de la glace

7 Quelle est la phrase correcte ?
   a. Jeanne se laisse faire un manteau neuf.
   b. Jeanne s'est fait faire un manteau neuf.
   c. Jeanne s'est faite faire un manteau neuf.
   d. Jeanne s'est laissé faire un manteau neuf.
   e. Jeanne s'est laissée faire un manteau neuf.

☐

8 Quel est le contraire de *il est en retard* ?
   a. Il est en avance.
   b. Il est exact.
   c. Il est à l'heure.
   d. Il est trop lent.
   e. Il est ponctuel.

☐

9 Une seule phrase est exacte et correcte. Laquelle ?
   a. Cette dame est assis sur un banc.
   b. Sa sac est posé sur le banc.
   c. Elle est assise près du banc.
   d. Elle a sa sac sur ses genoux.
   e. Son sac est à côté d'elle.

☐

10 Qu'est-ce qui ne fait pas partie du petit déjeuner français ?
a. du café
b. du lait
c. du pain
d. du beurre
e. une omelette

11 Que ne direz-vous pas ?
a. Puis-je venir vous voir vendredi ?
b. Puis-je venir vous voir le vendredi ?
c. Puis-je venir vous voir au vendredi ?
d. Venez plutôt dimanche prochain.
e. Venez plutôt le matin.

12 Quelle *maison* diffère des quatre autres ?
a. la maison
b. la chaumière
c. la tente
d. le palais
e. le château

13 Vous allez à Berlin. Une phrase est-elle fausse ?
a. Est-ce là le train de Berlin ?
b. Je cherche le train pour Berlin.
c. Où est le train pour Berlin ?
d. Ce train va-t-il à Berlin ?
e. Ce train part-il pour Berlin ?

14 Quelle est la phrase que Jean ne doit pas prononcer ?
a. Prête-moi ta bicyclette, s'il te plaît !
b. Je voudrais emprunter ta bicyclette.
c. Peux-tu me donner ta bicyclette ?
d. Je voudrais prêter ta bicyclette.
e. Sois gentil : prête-moi ton vélo un instant !

☐

15 Vous êtes M. Dupont. Que ne direz-vous pas ?
a. Puis-je me présenter ? Je m'appelle Dupont.
b. J'appelle Dupont.
c. Mon nom est Dupont.
d. M. Dupont, pour vous servir, Madame.
e. On m'appelle M. Dupont.

☐

Unité 3

1 Quel mot n'a pas le même son ?
  a. bon
  b. banc
  c. ban
  d. flanc
  e. flan

2 Qu'est-ce qui n'a pas la même forme ?
  a. balle
  b. ballon
  c. bille
  d. sphère
  e. œuf

3 Où est la faute ?
  a. tu vois
  b. tu prend
  c. tu mets
  d. tu oublies
  e. tu prononces

4 Où est la faute ?
  a. Il leur donnait la main.
  b. La marchande ne rendait pas la monnaie.
  c. Le soir, notre mère nous lisaient des histoires.
  d. Des amis m'accompagnaient à la gare.
  e. Je lui apportais un cadeau pour sa fête.

5 Que représente ce dessin ?
   a. C'est une aile.
   b. C'est un piano droit.
   c. C'est un piano à queue.
   d. C'est un clavecin.
   e. C'est un orgue.

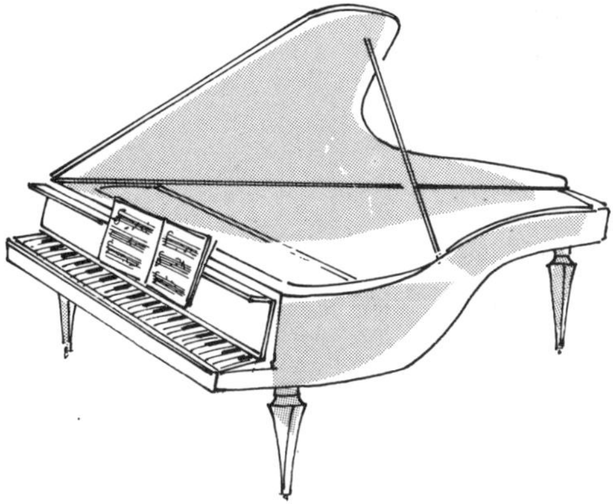

6 Où trouverez-vous seulement des piétons ?
   a. dans une avenue
   b. sur le sentier
   c. sur la route
   d. sur l'autoroute
   e. dans la rue

7 Cherchez la faute :
   a. Elle s'est faite faire une nouvelle jupe.
   b. Il s'est fait faire un costume.
   c. Faites-vous faire un shampooing.
   d. Nous nous faisons construire une maison.
   e. Je me fais couper les cheveux demain.

8 Quel mot peut avoir le même sens que *miroir* ?

a. l'écran
b. la vitre
c. la glace
d. le tableau
e. le mirage

9 Que faut-il dire ?

a. Elle fait ski.
b. Elle court ski.
c. Elle fait du ski.
d. Elle court du ski.
e. Elle va en ski.

10 Que pouvez-vous enlever de votre veste ?

a. une manche
b. une poche
c. un col
d. une broche
e. des boutons

11 Où est l'erreur ?

a. Venez dîner à la maison vendredi soir.
b. Nous vous attendons le 20 janvier.
c. 1769 est né Napoléon.
d. Attention aux farces du 1er avril.
e. Le 30 juin, nous réunissons quelques amis.

12 Avec quoi servez-vous le potage ?
   a. un couteau
   b. une cuiller (ou cuillère)
   c. une fourchette
   d. un verre
   e. une louche

13 Vous êtes à Paris. Que ne pouvez-vous pas dire ?
   a. Je prendrai le train à Paris.
   b. Je prendrai le train pour Paris.
   c. Je monterai dans le train à Paris.
   d. Mon train part de Paris à 16 h 30.
   e. Mon train quitte Paris à 16 h 30.

14 Où est la faute ?
   a. Un homme est assis dans un canot.
   b. Il pêche à la ligne.
   c. Il vient d'attrapé un poisson.
   d. Le canot est au milieu de la rivière.
   e. Il a un canotier sur la tête.

15 Quelle est la phrase incorrecte ?
a. Tu cherches l'âme sœur.
b. Tu cherches après l'impossible.
c. Tu cherches ton amie.
d. Elle cherche à lire dans le journal de son voisin.
e. Nous cherchons à savoir la vérité. ☐

Unité 4

1 Quel verbe n'a pas le même son ?
a. je tente
b. je tends
c. je rends
d. je monte
e. je mens ☐

2 Que ne peut-on allumer ?
a. une bougie
b. une allumette
c. un briquet
d. une pierre
e. une cigarette ☐

3 Cherchez la faute :
a. tu oublis
b. tu bondis
c. tu remplis
d. tu noircis
e. tu unis ☐

4 Cherchez la faute:
   a. Sous les feuilles se cache la violette.
   b. Sur le port se presse les femmes des marins.
   c. Dans le ciel courent de gros nuages.
   d. Tout le long de la route se dressent des arbres.
   e. Les chasseurs tuent le gibier.

5 Quelle formule est impossible ?
   a. Il est deux heures et demie.
   b. Il est deux heures trente.
   c. Il est quatorze heures trente.
   d. Il est la demie de trois.
   e. Il est quatorze heures et trente minutes.

6 Où les voitures ne devraient-elles pas rouler ?
   a. dans une allée
   b. dans une avenue
   c. sur un boulevard
   d. sur le trottoir
   e. sur la route

7 Quelle est la bonne formule ?
   a. Ils se laissent construire une villa.
   b. Ils se font construire une villa.
   c. Il se laisse construire une villa.
   d. Il se laissent une villa construire.
   e. Ils se font une villa construire.

8 Quel est le contraire de *enseigner* ?
a. étudier
b. apprendre
c. comprendre
d. entendre
e. écouter

9 Quelle affirmation n'est pas exacte ?
a. Ce sont des chameaux.
b. C'est une caravane.
c. La caravane passe.
d. Les chameaux portent des fardeaux.
e. Les chameaux sont attachés les uns aux autres.

10 Qu'est-ce qui ne fait pas partie intégrante de votre tête ?
a. le masque
b. le visage
c. le nez
d. l'oreille
e. l'œil

11 Où est la faute ?
a. Corneille devint né à Rouen.
b. Je suis né en 1940.
c. Elle est née en Angleterre.
d. Napoléon naquit en Corse.
e. Il est né le 25 septembre 1948.

12 Que ne mettrez-vous pas aux pieds ?
a. des bonnets
b. des chaussettes
c. des soquettes
d. des bas
e. des chaussons

13 Découvrez l'erreur :
a. Quand part le train pour Paris ?
b. Le train vers Paris a-t-il du retard ?
c. A quelle heure arrive le train pour Paris ?
d. J'attends l'express pour Paris.
e. J'ai pris le train de nuit pour Paris.

14 Qu'est-ce qui est faux ?

a. Rose tient une baguette dans sa main gauche.
b. Elle frappe la porte.
c. Elle apporte du pain.
d. Elle frappe à la porte.
e. Son sac est suspendu à son épaule.

☐

15 Où est la faute ?

a. Aide-toi, le ciel t'aidera.
b. L'aide au jeune cinéma est insuffisante.
c. Il m'aide à mettre mon manteau.
d. Aide à ta sœur à mettre la table.
e. Aidons-nous les uns les autres.

☐

Unité 5

1 Quel mot n'a pas le même son ?

a. son
b. rond
c. long
d. bon
e. bonne

2 Où est l'erreur ?

a. Elle sauta bas son lit.
b. Elle sauta au bas de son lit.
c. Elle sauta hors du lit.
d. Elle se leva d'un bond.
e. Elle bondit hors du lit.

3 Où est l'erreur ?

a. je prononce
b. elle prononce
c. nous prononcions
d. elle proncait
e. tu prononces

4 Où est la faute ?

a. Les joueurs lancent la balle.
b. Dans le pommier chante les oiseaux.
c. Tu lui envoies une lettre.
d. La lettre est distribuée par le facteur.
e. Mes copains me donnaient des billes.

5 Où est le chat?
a. Le chat est couché dans le lit.
b. Le chat est sous le lit.
c. Le chat est étendu sur la descente de lit.
d. Le chat est sous la carpette.
e. Le chat est sous l'édredon.

6 Qu'est-ce qui n'est pas un légume?
a. le poireau
b. la poire
c. le chou
d. le chou-fleur
e. la carotte

7 Quelle est la seule phrase correcte?
a. Parlez-moi de vos ennuis.
b. Parlez au-dessus de vos ennuis.
c. Parlez-moi sur votre voyage.
d. Parlez à moi votre voyage.
e. Dites-moi de vos ennuis.

8 Quel est le contraire de *mentir*?
a. dire un mensonge
b. avouer
c. affirmer quelque chose de faux
d. dire la vérité
e. inventer

9 Où est la faute?
a. Pierre lit son journal.
b. Il est assis dans un fauteuil.
c. Il est assis sur un fauteuil.
d. Ce monsieur porte des lunettes.
e. Il a croisé ses jambes.

10 Quel mot ne fait pas partie de la série?
a. une société
b. une bande
c. un groupe
d. une famille
e. un individu

11 Quelle phrase est exacte?
a. Il devient déjà jour.
b. Le ciel devient rose à l'horizon.
c. Les fenêtres deviennent lavées une fois par mois.
d. Dans une heure il deviendra nuit.
e. Je suis devenu seize le 13 mai.

12 Quel arbre porte de vraies fleurs?
a. le pin
b. le sapin
c. le lilas
d. le chêne
e. le hêtre

13 Vous allez à Paris. Que direz-vous ?
   a. A quelle heure part le train pour Paris ?
   b. Sur quel quai se trouve le train vers Paris ?
   c. Prenez-vous aussi le train à Paris ?
   d. Je prends le train parisien.
   e. Je vais prendre le parisien train de 10 h 45.

☐

14 Quelle affirmation est inexacte ?
   a. Le gardien de but arrête le ballon.
   b. Le gardien de but rate le ballon.
   c. Le gardien ne peut arrêter le ballon.
   d. Le gardien plonge pour arrêter le ballon.
   e. L'équipe adverse a marqué un but.

☐

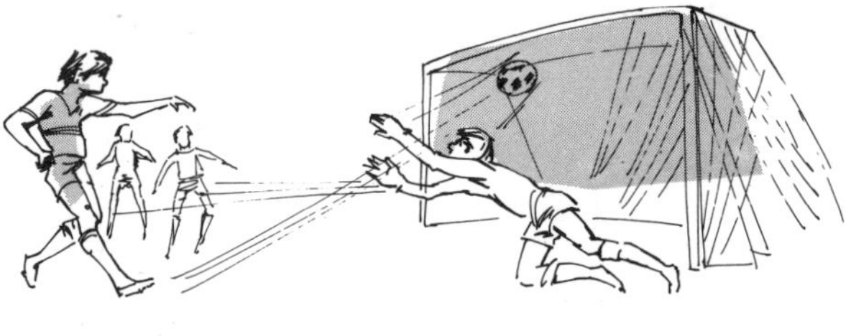

15 Où est la faute ?
   a. Je me rappelle ces jours heureux.
   b. Je me souviens de ces vacances.
   c. Il se rappelle de ses dernières vacances.
   d. Nous nous souvenons de vous.
   e. Vous souvenez-vous de moi ?

☐

Unité 6

1 Trouvez la faute:
a. ils voyageront
b. l'horizont
c. le garçon
d. la prison
e. le chausson

2 Qu'est-ce qui n'est pas un fruit?
a. la pomme
b. la poire
c. le poireau
d. l'orange
e. la banane

3 Quel mot se prononce différemment?
a. chaîne
b. chienne
c. gaine
d. vaine
e. peine

4 Quelle phrase est incorrecte?
a. Cet enfant joue très joli du violon.
b. Cet enfant joue très joliment du violon.
c. Cet enfant joue très bien du violon.
d. Cet enfant joue très mal.
e. Cet enfant joue merveilleusement bien du violon.

5 Que ne direz-vous pas ?
a. C'est ma photo.
b. C'est mon image.
c. C'est une photographie.
d. C'est la photo d'une jeune femme.
e. Ce n'est pas un homme.

6 Qu'est-ce qui n'est pas un oiseau ?
a. un moineau
b. une hirondelle
c. un pigeon
d. un coucou
e. la chauve-souris

7 Où est l'erreur ?
a. Laissez-le dormir en paix !
b. Laissez-vous gâter par vos enfants !
c. Faites-vous faire un massage !
d. Ces enfants sont insupportables : elle les laisse faire tout ce qu'ils veulent.
e. Il s'est laissé faire un costume neuf chez son tailleur.

8 Quel est le contraire de *ami* ?
a. étranger
b. ennemi
c. amie
d. amitié
e. friend

9 Qu'est-ce qui est inexact ?
   a. C'est un instrument de musique.
   b. C'est un outil.
   c. On peut jouer de la musique.
   d. C'est une flûte.
   e. Cet instrument peut faire partie d'un orchestre.

☐

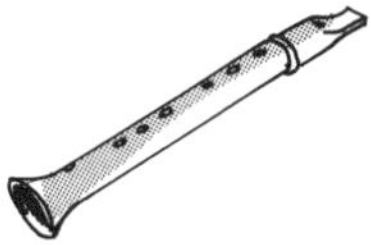

10 Lequel de ces animaux n'a pas de maison ?
   a. les coques
   b. les huîtres
   c. les vers
   d. les moules
   e. les escargots

☐

11 Que ne faut-il pas dire ?
   a. Tu as grandi depuis un an.
   b. Tu es devenu grand.
   c. Que deviendrons-nous plus tard ?
   d. Je suis juste devenu dix-huit cette semaine.
   e. J'aurai dix-huit ans le mois prochain.

☐

12 L'un de ces meubles n'a pas le même usage que les autres. Lequel ?
   a. placard
   b. armoire
   c. buffet
   d. secrétaire
   e. fauteuil

☐

13 Cherchez l'erreur:
a. J'ai cru qu'il était mort.
b. J'ai croit que tu viendrais.
c. Il croit que tu es plus jeune que lui.
d. Nous croyons que tout ira bien.
e. Ils croient en Dieu.

14 Quelle affirmation est inexacte?
a. La table est mise pour le maître.
b. Le maître n'est pas encore là.
c. Le chat a pris la place du maître.
d. Le chat préfère la soupe du maître.
e. La table est mise pour le chat.

15 Quelle est la seule forme correcte?
a. Il faut que tu viens immédiatement.
b. Il faut que tu viennes immédiatement.
c. Il faut que tu vienne immédiatement.
d. Il faut que tu vienes immédiatement.
e. Il faut que tu vient immédiatement.

Unité 7

1 Quelle tournure est incorrecte ?
a. Vous disez ?
b. Vous disiez ?
c. Vous dites ?
d. Dites-moi.
e. Qu'avez-vous dit ?

2 Qu'est-ce qui est inutile pour faire la cuisine ?
a. une casserole
b. un four à gaz
c. une cuiller en bois
d. un couteau
e. une machine à coudre

3 Quel mot ne se prononce pas comme les autres ?
a. sain
b. un saint
c. le sein
d. cinq fois
e. le sien

4 Quelle phrase est incorrecte ?
a. Ne voulez-vous pas dormir ?
b. Ne voulez-vous dormir pas ?
c. Voulez-vous ne pas dormir ?
d. Pourquoi ne voulez-vous pas dormir ?
e. Est-ce que vous voulez dormir ?

5 Où est l'erreur ?
   a. C'est la vase.
   b. C'est un vase.
   c. Ce vase est sur la table.
   d. Ce vase est vide.
   e. Il ne contient pas de fleurs.

6 Quel terme ne fait pas partie de la série ?
   a. armoire
   b. bureau
   c. canapé
   d. buffet
   e. bicyclette

7 Quelle phrase est mal construite ?
   a. J'espère que votre hôtel est agréable.
   b. Nous espérons que vous ferez un bon séjour.
   c. Il arrivera avant ton départ, je l'espère bien.
   d. J'espère tu seras là pour mon anniversaire.
   e. Madame a passé une bonne soirée, j'espère.

8 Quel est le contraire de *immense* ?
   a. minuscule
   b. petit
   c. infini
   d. limité
   e. modéré

9 Qu'est-ce qui manque à cette maison ? (ou : Que ne voyez-vous pas ?)
   a. les fenêtres
   b. les volets
   c. la porte
   d. la cheminée
   e. le toit

10 Qu'est-ce qui n'appartient pas à la rivière ?
   a. le lit
   b. les rives
   c. la source
   d. le sommet
   e. les méandres

11 Quelle phrase est impossible ?
   a. Je ne suis pas arrivé à fermer les volets.
   b. J'ai réussi à fermer les volets.
   c. Il m'est réussi à fermer les volets.
   d. J'ai pu fermer les volets.
   e. Je n'ai pas su fermer les volets.

12 Où trouverez-vous du saucisson ?
- a. chez le charcutier
- b. chez le boucher
- c. chez la couturière
- d. chez la saucière
- e. chez le droguiste

☐

13 Quelle construction est impossible ?
- a. Je crois que vous vous trompez.
- b. Je crois vous vous trompez.
- c. Vous vous trompez, je crois !
- d. J'ai cru que vous étiez parti sans dire au revoir.
- e. Il croit que vous vous trompiez alors.

☐

14 Que ne dira-t-on pas ?
- a. Il passe au-dessus de la rue.
- b. Il traverse la rue.
- c. Il va de l'autre côté de la rue.
- d. Il traverse.
- e. Il se trouve au milieu de la rue.

☐

15 Une seule tournure est correcte:
a. Il faut que tu ailles à la maison.
b. Il faut que tu vas à la maison.
c. Il faut que tu va à la maison.
d. Il faut que tu alle à la maison.
e. Il faut que tu alles à la maison.

☐

Unité 8

---

1 Quelle est l'orthographe correcte?
a. le caractère
b. le charactère
c. le caraktère
d. le caracter
e. la carractère

☐

2 Lequel de ces légumes n'a pas la même couleur que les autres?
a. la salade
b. les épinards
c. les tomates
d. les petits pois
e. les choux.

☐

3 Trouvez l'erreur: *le* ou *la*?
a. le marécage
b. le rage
c. le garage
d. le sage
e. le chantage

☐

4 Quelle phrase contient une faute ?
  a. Ouvre ton sac.
  b. Finis ton potage !
  c. Ouvris-moi la porte, s'il te plaît.
  d. Ferme la porte doucement.
  e. Montre-moi cette photo.

5 Quelle phrase est juste ?
  a. La lampe est posée sur la table.
  b. La lampe pose sur la table.
  c. La lampe se trouve sur la commode.
  d. La commode a trois tiroirs.
  e. La lampe pose sur la commode.

6 Où ne trouve-t-on pas d'arbres ?
  a. dans la forêt
  b. dans un jardin
  c. dans un parc
  d. dans un désert
  e. dans un bois

7 Où est l'erreur ?
   a. Il espère qu'il fera beau demain.
   b. J'espère que vous êtes habillé chaudement.
   c. Hier j'espérais que vous serez en avance.
   d. Espériez-vous autre chose ?
   e. Espérez en Dieu !

☐

8 Quel est le contraire de *se défendre* ?
   a. battre
   b. attaquer
   c. s'attaquer
   d. combattre
   e. faire la guerre

☐

9 Quelle phrase est impossible ?
   a. La dame traverse en dehors des clous.
   b. Le petit garçon traverse dans les clous.
   c. Les voitures sont arrêtées au feu rouge.
   d. Elle va au-dessus de la rue.
   e. Elle veut traverser en dehors des clous.

☐

10 Qu'est-ce qui n'est pas compatible avec la poésie ?
   a. un vers
   b. une rime
   c. la prose
   d. le rythme
   e. une strophe

11 Cherchez la faute:
   a. J'ai arrivé à obtenir deux places pour l'Opéra.
   b. J'ai réussi à obtenir deux places pour l'Opéra.
   c. J'ai pu obtenir deux places pour l'Opéra.
   d. J'ai pu avoir deux places pour l'Opéra.
   e. Je suis arrivé à obtenir deux places pour l'Opéra.

12 Qu'est-ce qui ne vous indiquera pas l'heure ?
   a. une montre
   b. un pendule
   c. un réveil
   d. une horloge
   e. une pendule

13 Quelle tournure est incorrecte ?
a. Je m'intéresse à la musique.
b. Il s'intéresse dans la musique.
c. Elle est intéressée par la danse.
d. Nous nous intéressons à vous.
e. Quel intérêt avez-vous pour ces vauriens ?

☐

14 Quelle affirmation est fausse ?
a. Le vent a emporté le chapeau ?
b. Le chapeau s'est envolé.
c. Jean court après son chapeau.
d. Jean a ramassé son chapeau.
e. Jean veut ramasser son chapeau.

☐

15 Où est la faute ?
a. Il faut venir me voir plus souvent.
b. Il faut que tu viennes me voir plus souvent.
c. Il faut que nous viennons voir votre bébé.
d. Il faut aller se coucher.
e. Il faut que tu te couches plus tôt ce soir.

☐

Unité 9

1 Qu'est-ce qui manque?
  a. je déplace
  b. nous déplacons
  c. il déplaçait
  d. nous déplacions
  e. vous déplaciez

2 Qu'est-ce qui ne va pas sur l'eau?
  a. une barque
  b. un vélo
  c. un radeau
  d. un voilier
  e. un hydravion

3 Découvrez l'erreur:
  a. un ouvrage
  b. la courage
  c. la montagne
  d. la campagne
  e. l'éclairage

4 Où est l'erreur?
  a. Cette lettre est du 1er avril.
  b. La réponse date du 10ème avril.
  c. Anne est née le 20 juin 1955.
  d. Le 14 juillet 1789, les Français ont pris la Bastille.
  e. En 1793, Louis XVI fut guillotiné.

5 Découvrez l'erreur:
   a. Jacques vient faire une visite.
   b. Il a sonné à la porte.
   c. Il apporte un bouquet de fleurs.
   d. Il apporte des bonbons.
   e. On lui ouvre la porte.

6 Que ne trouve-t-on pas en montagne?
   a. un glacier
   b. un delta
   c. un torrent
   d. des cimes
   e. une crevasse

7 Quelle construction n'est pas possible?
   a. J'espère tu viendras dîner.
   b. J'espère que tu viendras demain.
   c. J'espère que tu viens demain.
   d. Tu viens demain, je l'espère.
   e. J'espère que tu pourras venir demain.

8 Quel est le contraire de *vous avez raison*?
a. Vous avez tort.
b. Vous avez déraison.
c. Vous avez irraison.
d. Vous avez raison pas.
e. Vous êtes tort.

9 Quelle affirmation est inexacte?
a. La cigogne au long bec est invitée chez le renard.
b. Elle ne peut rien manger.
c. La coupe est trop large.
d. Avec sa bec, elle peut tout attraper.
e. Son bec est si long qu'elle n'attrape pas grand chose.

10 Qui ne fait pas obligatoirement partie de la famille?
a. la mère
b. l'oncle
c. la tante
d. la marraine
e. la cousine

11 Quelle tournure n'est pas très courante?
a. J'aime aller au restaurant.
b. J'aime aller au cinéma.
c. J'aime à manger du fromage.
d. J'aime faire du ski.
e. J'aime le fromage.

12 Quel mot n'appartient pas à la même série ?

a. la banque
b. les intérêts
c. l'épargne
d. le chèque
e. généreux

13 Quelle phrase est inadmissible ?

a. J'ai un grand intérêt pour la littérature.
b. Vous intéressez-vous à la peinture ?
c. Non, je ne m'intéresse qu'à la politique.
d. Elle s'intéresse beaucoup pour la photographie.
e. Ce roman est intéressant.

14 Quelle affirmation n'est pas vraie ?

a. Le renard a été invité par la cigogne.
b. Le renard n'a pas de long bec.
c. Le renard a un gros museau.
d. Il ne peut atteindre le bon breuvage.
e. Le renard s'est régalé.

15 Où est la faute ?
- a. Il faut que vous partiez sur le champ.
- b. Il faut que vous partez aussitôt.
- c. Il faut que je donne à manger à mon chien.
- d. Il faut que tu chantes une chanson.
- e. Il faut que je ferme la porte à clef.

☐

Unité 10

1 Où est la faute ?
- a. Il voit bien.
- b. Elle voit mal.
- c. Vous voiez bien.
- d. Vois-tu bien ?
- e. Nous voyons bien.

☐

2 Une marmite a besoin de :
- a. un couvert
- b. une couverture
- c. un couvercle
- d. une ouverture
- e. une nourriture

☐

3 Quel est le mot qui ne commence pas par le même son ?

a. gant
b. gaine
c. gêne
d. graisse
e. graine

4 Où est la faute ?

a. Aie du courage ! Cela ira mieux bientôt.
b. Prend ton livre.
c. Finis ton devoir.
d. Range tes cahiers.
e. Va jouer dans le jardin.

5 Quelle est la bonne réponse ?

a. C'est une harfe.
b. C'est une harpe.
c. C'est un harp.
d. C'est un clavecin.
e. C'est un piano.

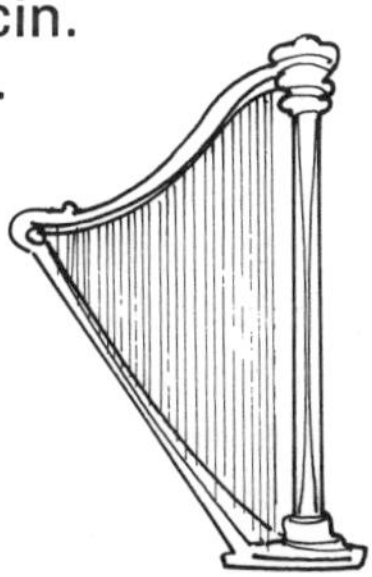

6 Qu'est-ce qui n'appartient pas à la même famille ?

a. la brume
b. le brouillard
c. la fumée
d. la vapeur
e. la neige

7 Où est la faute ?
a. Elle descend l'escalier.
b. Il a descendu l'escalier.
c. Tu es descendu à la cave.
d. Elle va descendre tout de suite.
e. Il a descendu dans la rue.

8 Quel est le contraire de *vite* ?
a. rapidement
b. lentement
c. à grands pas
d. petit à petit
e. hâtivement

9 Qu'est-ce qui est faux ?
a. L'avion survole la mer.
b. L'avion vole dans la mer.
c. L'avion est au-dessus de la mer.
d. Son ombre se profile sur la mer.
e. La mer se trouve sous l'avion.

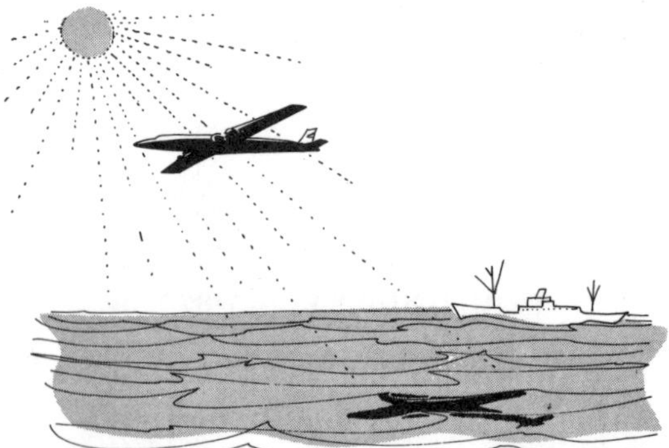

10 Lequel de ces liens peut être en acier ?
a. ficelle
b. corde
c. cordon
d. câble
e. lacet

11 Trouvez la faute :
a. Demain, nous irons à la campagne.
b. Nous cueillirons des jonquilles.
c. Nous franchirons la frontière.
d. Vous oublierez vos soucis.
e. Autour du feu, nous ferons une veillée.

12 Quel mot ne désigne pas les habitants d'un pays ?
a. les Anglais
b. les Turcs
c. les Américains
d. les Soviets
e. les Hollandais

13 Où est l'erreur ?
a. Sais-tu quelle heure il est ?
b. Je sais qu'elle ne viendra pas.
c. Savons-nous quel jour nous mourrons ?
d. Sait-il quelle chance il a ?
e. Sais-tu quelle a quitté la ville ?

14 Qu'est-ce qui est faux ?

a. Le temps est orageux.
b. Le vent ne souffle pas.
c. Le vent a fait tomber un pot de fleurs.
d. Cette dame ne voit pas le danger.
e. Son parapluie la protégera peut-être !

15 Où est la faute ?

a. Je veux que tu restes avec moi.
b. Il veut que tu sois heureuse.
c. Il veut que je te chante une chanson.
d. Tu veux que je joue la comédie ?
e. Nous voulons que tu reviens à la maison.

Unité 11

1 Qu'est-ce qui est juste ?
  a. une aquarelle
  b. un aquarelle
  c. un aquarel
  d. une aquarel
  e. un aquarell

2 Quelle fleur est certainement bleue ?
  a. l'iris
  b. la pivoine
  c. le coquelicot
  d. le bleuet
  e. la primevère

3 Vérifiez : est-ce bien *une* ?
  a. une qualité
  b. une ordre
  c. une question
  d. une histoire
  e. une supposition

4 Où est la faute ?
  a. Je vais au cinéma.
  b. Il va au coiffeur.
  c. Nous allons au marché.
  d. Vas-tu à l'école ?
  e. Ils vont au café.

5 Que représente ce dessin ?
a. un pullover
b. une veste
c. un gilet
d. un châle
e. un manteau

☐

6 Que ne trouvez-vous pas habituellement dans une ferme ?
a. une vache
b. un cochon
c. une poule
d. un lion
e. un cheval

☐

7 Qu'est-ce qui est faux ?
a. J'ai voyagé dans le monde entier.
b. Je suis voyagé partout.
c. Je voyage en première classe.
d. J'ai fait un beau voyage.
e. J'ai voyagé avec mon père.

☐

8 Quel est le qualificatif qui contredit les quatre autres ?
a. Cette dame est aimable.
b. Cette dame est gentille.
c. Cette dame est grincheuse.
d. Cette dame est affable.
e. Cette dame est prévenante.

☐

9 Que ne direz-vous pas ?
a. C'est une chasse aux taureaux.
b. C'est une corrida.
c. Le toréador a une grande cape.
d. Il excite le taureau.
e. Le taureau fonce sur le toréador.

☐

10 Qu'est-ce qui n'a pas le même sens que partir ?
a. s'enfuir
b. s'en aller
c. se sauver
d. disparaître
e. revenir

☐

11 Où est la faute ?
a. Si tu es sage, tu auras du chocolat.
b. Je serai heureux, si tu pouvais venir.
c. Je serais content d'avoir un petit frère !
d. Si je réussis à mon examen, je saute de joie.
e. Si tu sors sans manteau, tu vas attraper froid. ☐

12 Quel mot ne fait pas partie de la série ?
a. tuer
b. assassiner
c. abattre
d. souffrir
e. faire mourir ☐

13 Où est la faute ?
a. Il vaut mieux que vous y alliez vous-même.
b. Il est bon que chacun participe à cette entreprise.
c. Il serait bon que nous nous réunissions tous un soir.
d. Il vaut mieux que vous venez me voir à mon bureau.
e. Il vaut mieux être beau, riche et bien portant que laid, pauvre et malade. ☐

14 Quelle affirmation est fausse ?
a. Les vacances commencent bien.
b. Toute la famille pousse la voiture.
c. Ils ont attelé le chien à la voiture.
d. La voiture est en panne.
e. Le moteur fume.

☐

15 Où est l'erreur ?
a. Je veux que tu viennes ce soir.
b. Il veut que tu ailles au cinéma avec elle.
c. Il faut que tu fasses la vaisselle.
d. Elle veut que tu pars maintenant.
e. Il faut revenir nous voir bientôt.

☐

Unité 12

1 Où est la faute ?
   a. Je range mes affaires.
   b. Il rangait ses affaires hier.
   c. Nous rangions nos affaires.
   d. Ranges-tu tes affaires ?
   e. Vous rangez vos affaires.

☐

2 Qu'est-ce qui n'est pas un arbre ?
   a. un sapin
   b. un chêne
   c. un buisson
   d. un platane
   e. un hêtre

☐

3 Quelle forme est mauvaise ?
   a. en courant
   b. en mentissant
   c. en gémissant
   d. en finissant
   e. en agissant

☐

4 Où est la faute ?
   a. Mon père parle toujours calme.
   b. Tu parais calme, mais tu ne l'es pas.
   c. Rentrez tranquillement chez vous !
   d. Crois-moi, reste toujours calme.
   e. Ces enfants ne sont pas précisément calmes.

☐

5 Qu'est-ce ?

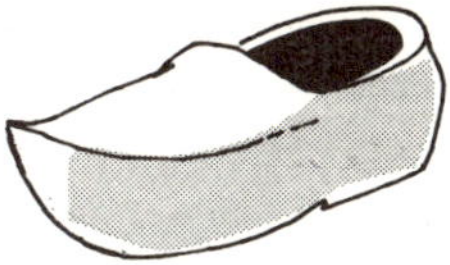

a. un sabot ?
b. une mule ?
c. une godasse ?
d. une pantoufle ?
e. un chausson ?

6 Où dormira votre cheval ?
a. à l'auberge
b. à l'hôtel
c. à l'étable
d. dans la niche
e. à l'écurie

7 Quelle phrase est incorrecte ?
a. Il monte l'escalier quatre à quatre.
b. Elle est descendue du 10ème étage.
c. Descends immédiatement de cette table !
d. Nous avons descendu le vieux piano à la cave.
e. J'ai descendu lorsque tu m'as appelé.

8 Quel est le synonyme de *la côte* ? Quel mot pourrait remplacer *la côte* ?
a. la plage
b. le littoral
c. le sable
d. la cost
e. la dune

9 Que ne pouvez-vous pas affirmer ?
   a. Jean est sur le pont.
   b. Il va rejoindre Agnès.
   c. Agnès est sur l'autre rive.
   d. Agnès l'attend.
   e. Jean est sur la terre ferme.

☐

10 Qu'est-ce qui ne sert pas à mieux voir, mais à ne pas être vu ?
   a. des lunettes
   b. des jumelles
   c. une loupe
   d. un masque
   e. un monocle

☐

11 Où est la faute ?
   a. Si tu le voudrais, nous irions nous baigner.
   b. Tu feras ce que tu voudras.
   c. Si tu voulais, nous irions nous promener.
   d. Voudrais-tu me passer le sel ?
   e. Nous voudrions aller au théâtre ce soir, si toutefois nous pouvions avoir des places.

☐

12 Qui n'obéit pas au patron d'une usine?
- a. les ouvriers
- b. les employés
- c. une actrice
- d. les travailleurs
- e. les cadres

13 Quelle phrase est mal construite?
- a. J'espère que Monsieur a fait un bon voyage.
- b. Nous aurons le plaisir de vous revoir, j'espère.
- c. Espérons que tout s'arrangera.
- d. J'espère tu as apporté ta guitare.
- e. J'espère que tu nous joueras quelque chose au piano.

14 Qu'est-ce qui n'est pas exact?
- a. Elle prend un bain.
- b. Elle prend un bain de soleil.
- c. Elle lit un roman.
- d. Elle abrite sa tête sous un parasol.
- e. Elle est étendue sur un drap de bain.

15 Quelle est la bonne formule ?
a. Il faut que je fais de la gymnastique tous les jours.
b. Il faut que je fasse de la gymnastique tous les jours.
c. Il faut que je faisse de la gymnastique tous les jours.
d. Il faut que je faire de la gymnastique tous les jours.
e. Il faut que je faille de la gymnastique tous les jours.

Unité 13

1 Qu'est-ce qui est juste ?
a. la débâcle
b. le débâcle
c. la débacle
d. le didâcel
e. la debâcle

2 Que peut-on mettre au doigt ?
a. un collier
b. une bague
c. une chaînette
d. un bracelet
e. un pendentif

3 Où est l'erreur ?
a. le bistrot
b. le photo
c. le robot
d. le sabot
e. le rameau

4 Quelle est la tournure incorrecte ?
a. J'aspire au repos.
b. J'aspire après le repos.
c. Il aspire à être seul.
d. Il aspire le lait avec une paille.
e. L'aspirateur aspire la poussière.

5 Que représente ce dessin ?
a. une ouvreuse
b. un ouvre-boîte
c. un ouvre-bouteille
d. une ouverture
e. une ouvrière

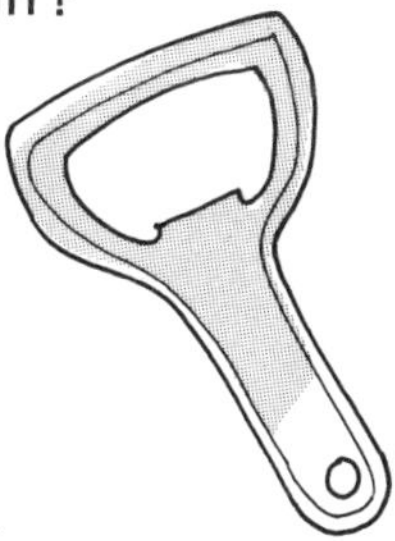

6 Quel mot pouvez-vous placer à la tête de tous les autres ?
a. peuple
b. équipe
c. bande
d. groupe
e. chef

7 Où est la faute ?

a. Il a sauté par-dessus le mur.
b. Il est sauté par-dessus le mur.
c. Il a fait sauter des crêpes.
d. Il fait sauter son enfant sur ses genoux.
e. Elle saute par-dessus le ruisseau.

8 Quelle phrase diffère des quatre autres ?

a. Il est ponctuel.
b. Il est toujours à l'heure.
c. Il est exact.
d. Il est toujours en retard.
e. Il n'est jamais en retard.

9 Quelle affirmation est fausse ?

a. Madame descend l'escalier.
b. Elle suit son chien.
c. Le chien la précède.
d. Son chien la suit.
e. Le chien est déjà en bas.

10 Où achèterez-vous des médicaments ?
a. chez l'apothicaire
b. chez le pharmacien
c. chez l'infirmière
d. chez le droguiste
e. chez le médicamentaire

☐

11 Cherchez la faute :
a. J'achèterai une voiture lorsque j'aurai dix-huit ans.
b. J'irai à la chasse, si j'avais un chien.
c. J'irais à la pêche, si j'avais une ligne.
d. J'irai à la campagne quand le printemps sera revenu.
e. Si tu étais malin, tu ne ferais pas cette sottise.

☐

12 Qu'est-ce qui n'est pas indispensable pour avoir de la lumière ?
a. une ampoule
b. un robinet
c. un abat-jour
d. un interrupteur
e. du courant

☐

13 Quelle phrase n'est pas correcte ?
a. Il m'arrive de ne pas dormir.
b. Il arrive que je ne dors pas.
c. Il arrive que je ne dorme pas.
d. Il arrive qu'on soit réveillé à 2 heures du matin.
e. Il est arrivé en chantant.

☐

14 Où est la faute ?
   a. Le petit garçon s'élance sur la chaussée.
   b. Il veut ramasser son ballon.
   c. Le ballon est roulé sur la chaussée.
   d. Une voiture arrive.
   e. Heureusement, elle freine à temps !

15 Quelle est la phrase exacte ?
   a. Il faut que tu viens demain.
   b. Il faut que j'aille au marché.
   c. Il faut que tu aille voir ce film.
   d. Il faut que je fais mon lit.
   e. Il faut qu'il part immédiatement.

Unité 14

1 Qu'a-t-on oublié ?
a. Efface le tableau, s'il te plaît.
b. Effacez le tableau.
c. Effacons le tableau.
d. Nous effacions le tableau.
e. Elle effaçait le tableau.

2 Il vaut mieux en porter deux à la fois, excepté pour . . . ?
a. des chaussettes
b. des chaussures
c. des chapeaux
d. des gants
e. des manches

3 Est-ce bien *la* ? Vérifiez :
a. la charge
b. la plage
c. la garage
d. la rage
e. la nage

4 Où est la faute ?
a. Elle est furieuse après son frère.
b. Elle est furieuse contre sa sœur.
c. Elle se fâche à tout propos.
d. Elle est fâchée avec sa sœur.
e. Elle est en colère contre vous.

5 Qu'est-ce qui est faux ?
a. Quelqu'un vient d'éteindre sa cigarette.
b. Le mégot a été jeté dans le cendrier.
c. La cigarette fume encore.
d. La cigarette s'est allumée.
e. Le cendrier est rempli de cendres.

6 Qu'est-ce qui ne fait pas partie d'un livre ?
a. une page
b. un couvercle
c. un mot
d. un paragraphe
e. une couverture

7 Que ne direz-vous pas ?
a. J'ai monté la Tour Eiffel.
b. Je monte à cheval.
c. Je suis monté sur la Tour Eiffel.
d. J'ai monté l'escalier.
e. Il monte au sommet du Mont Blanc.

8 Quel est le contraire de *arriver* ?
a. venir
b. partir
c. quitter
d. rencontrer
e. séparer

9 Quelle affirmation est inexacte ?
a. Monsieur Durand veut acheter son journal.
b. Il fait la queue.
c. C'est l'heure où il y a beaucoup de monde.
d. La marchande de journaux attend le client.
e. Son kiosque est tapissé d'affiches publicitaires.

☐

10 Qu'est-ce qui peut être aussi un bijou ?
a. l'unité
b. l'alliance
c. la communauté
d. la parenté
e. l'amitié

☐

11 Cherchez l'erreur:

a. Si tu serais venu, tu aurais vu le grand défilé.
b. Tu aurais vu le défilé, si tu étais venu.
c. Si tu veux, tu peux venir dans mon jardin.
d. Tu aurais peut-être réussi, si tu avais travaillé davantage.
e. Je le ferais encore si j'avais à le faire.

12 Que fait le moustique?

a. il blesse
b. il coupe
c. il rit
d. il pique
e. il souffre

13 Où est l'erreur?

a. Je crois que tu es folle!
b. Je crois bien que tu seras jolie plus tard.
c. Je ne crois pas qu'il viendra encore ce soir.
d. Crois-tu que nous aurons du beau temps demain?
e. Je crois que ce soit une folie!

14 Où est la faute ?
a. L'agent porte un képi.
b. Il fait traverser les enfants et les grandes personnes.
c. Les gens traversent ensemble.
d. Les voitures attendent que tout le monde est passé.
e. Il faut toujours traverser dans les clous !

☐

15 Cherchez l'erreur :
a. Il faut que j'aille à Paris.
b. Il faut que nous allions au cinéma.
c. Il faut qu'il aille en classe.
d. Il faut que vous alliez tous au lit maintenant.
e. Il faut qu'il alle à la maison.

☐

Unité 15

1 Quel est le terme correct ?
   a. rhythme
   b. rhytme
   c. rythme
   d. rythmus
   e. rithme

2 Que pouvez-vous trouver à la fois dans un lit et dans un livre ?
   a. une page
   b. un drap
   c. une couverture
   d. un oreiller
   e. un chapitre

3 Quel mot ne contient pas le même son ?
   a. le pêne
   b. le renne
   c. la reine
   d. la gêne
   e. Sienne

4 Où est la faute ?
   a. Il a été condamné du tribunal.
   b. Il a été condamné par le tribunal.
   c. Le tribunal l'a condamné.
   d. J'ai été jugé par la cour de justice.
   e. La cour m'a jugé.

5 Que ne dit-on pas en français ?
a. Il se lave les dents.
b. Il se nettoie les dents.
c. Il utilise une brosse à dents.
d. Dans l'autre main, il tient un tube de dentifrice.
e. Il est en train de se laver les dents.

6 Il vaudrait mieux en avoir deux !
a. un collier
b. une bague
c. une boucle d'oreille
d. un bracelet
e. une chaîne

7 Où est la faute ?
a. Il a monté sur une chaise.
b. Il est monté sur un tabouret.
c. Il a monté l'escalier.
d. Je suis monté sur un cheval.
e. Elle monte bien à cheval.

8 Quel est le contraire de *passé* ?

a. futur
b. présent
c. souvenir
d. rêve
e. vivant

9 Que ne pouvez-vous pas affirmer ?

a. Monsieur Dupont fume un gros cigare.
b. Sur la table, il y a un cendrier.
c. A côté du cendrier, M. Dupont a posé son verre.
d. Il a une chevelure opulente.
e. Il a le crâne chauve.

10 Quel mot ne fait pas partie de la série ?

a. changer
b. modifier
c. transformer
d. détruire
e. moderniser

11 Quelle phrase est correcte ?
a. Que serait le monde s'il serait dirigé par le diable !
b. Que deviendrions-nous si nous perdrions l'espoir ?
c. Nous serions bien contents si nous serions déjà arrivés.
d. Nous aimerions goûter ce vin, si cela serait possible.
e. Serait-il possible de goûter ce vin ?

☐

12 Qu'est-ce qui n'est pas une qualité ?
a. bonté
b. honnêteté
c. gentillesse
d. politesse
e. grossièreté

☐

13 Quelle construction n'est pas possible ?
a. Elle est, je crois, plus jolie que toi.
b. Je crois, elle sera jolie plus tard.
c. Elle croit encore au Père Noël !
d. Elle croit que les enfants se font par l'oreille.
e. Nous croyons qu'il a agi par peur.

☐

14 Qu'est-ce ? Ce sont:
a. des démonstrants
b. des manifestants
c. un enterrement
d. une procession
e. une démonstration

15 Quelle phrase n'est pas correcte ?
a. Il faut que je fasse mes devoirs ce soir.
b. Il faut que nous faisons une grande fête.
c. Il me faut partir maintenant.
d. Je dois partir maintenant.
e. Il faut que je parte maintenant.

Réponses

Réponses

Unité 1

1 **b**
2 **e.** fibre synthétique.
3 **a.** *La plage*
4 **b.** *Pleine de cognac.* Les adjectifs qui indiquent une quantité, comme les substantifs et les adverbes, se construisent avec *de* devant un substantif: *une tasse de café, un litre de lait, un peu de soleil.*
5 **c.** Cette carte représente la France.
6 **d.** On les trouve sur un poirier.
7 **d.** *Qui veut encore de la soupe?*
8 **b.** *Pleurnicher* veut dire: pleurer sans raison, d'une façon affectée.
9 **b**
10 **b**
11 **c.** *J'irais* est un conditionnel. Ici il faut un futur: *j'irai.*
12 **d.** Il n'y a plus de *diligence* aujourd'hui. C'était une voiture de voyageurs, tirée par des chevaux.
13 **a.** On peut asseoir une personne, pas une chose.
14 **e.** *Il y a des verres et une bouteille sur le comptoir.*
15 **d.** *C'est le train que nous prenons.*

Unité 2

1 **d**
2 **e.** On plante des légumes dans *un jardin potager* ou *un potager*.
3 **d.** Il faut écrire: *il venge*.
4 **b.** *Les enfants le mangent*; *un enfant mange*.
5 **a.** Il a deux bosses!
6 **e.** *Les glaces italiennes sont particulièrement bonnes*, dit-on.
7 **b.** Se faire faire quelque chose par quelqu'un d'autre.
8 **a.** Remarque: b, c et e ont le même sens.
9 **e.** a. *Cette dame est assise sur un banc*.
b. *Son sac est posé sur le banc*.
c. *Elle est assise sur le banc*.
d. *Elle n'a pas son sac sur ses genoux*.
10 **e.** Les Français mangent peu au petit déjeuner ou même pas du tout.
11 **c.** Distinguez: *Venez vendredi* = venez ce vendredi, et: *Venez le vendredi, je suis là le vendredi* = je suis là en général tous les vendredis.
12 **c.** *La tente* est en toile, en tissu.
13 Non, toutes les phrases sont justes.
14 **d.** Jean emprunte le vélo, Paul le lui prête.
15 **b.** Ou alors vous appelez un deuxième M. Dupont qui n'est pas là!!!

Unité 3

1 **a**
2 **e.** *Un œuf* est ovale.
3 **b.** *Tu prends*.
4 **c.** *Notre mère nous lisait des histoires*.
5 **c**
6 **b**
7 **a**
8 **c.** *Un mirage* est une illusion d'optique.
9 **c.** On pourrait dire: *elle est allée à Grenoble à skis*.

10 **d.** C'est un bijou.
11 **c.** Dites: *en 1769* . . .
12 **e.** On mange le potage avec une cuiller, le reste avec une fourchette, et on coupe la viande avec un couteau.
13 **b**
14 **c.** *Il vient d'attraper un poisson*.
15 **b.** *Chercher après* est très familier.

Unité 4

1 **d**
2 **d**
3 **a.** *Tu oublies*, verbe oublier.
4 **b.** *Sur le port se pressent les femmes*.
5 **d**
6 **d.** Mais il y a souvent des voitures qui y sont garées.
7 **b.** a. *Ils se font construire* . . .
c. *Il se fait* . . .
d. *Ils se font construire une villa*.
e. Remarque: l'ordre des mots n'est pas juste.
8 **b.** Ou encore a.
9 **e**
10 **a.** On porte *un masque* sur le visage pour se cacher ou se protéger.
11 **a.** *Corneille est né à Rouen*.
12 **a.** On met *un bonnet* sur sa tête, quand il fait froid.
13 **b.** *Le train pour Paris*.
14 **b.** *Elle frappe à la porte*, mais on peut frapper (= battre) une personne.
15 **d.** *Aide ta sœur* . . .

Unité 5

1 **e.** *bonne* = [bɔn], les autres mots ont le son nasal [ɔ̃].
2 **a.** Impossible.

3 **d.** N'oubliez pas la cédille devant *a* et *o*: *elle prononçait.*
4 **b.** *Dans le pommier chantent les oiseaux.*
5 **c**
6 **b.** C'est un fruit.
7 **a.** Pour c et d: *parlez-moi de votre voyage.*
e *Dites-moi vos ennuis.* Cf. *Dites-moi quelque chose.*
8 **d.** *On avoue* quelque chose quand on dit: *Oui, c'est vrai, j'ai fait cela.*
9 **c.** *Il est assis dans un fauteuil,* mais: *sur une chaise.*
10 **e.** N'est pas un collectif comme les autres.
11 **b.** a. *Il fait déjà jour.*
c. *Les fenêtres sont lavées une fois par mois.*
d. *Dans une heure il fera nuit.*
e. *J'ai eu 16 ans le 13 mai.*
12 **c**
13 **a.** b. *Sur quel quai se trouve le train pour Paris?*
c. Impossible! Vous n'êtes pas à Paris.
d. *Je prends le train pour Paris.*
e. *Je vais prendre le train de 10 h 45 pour Paris.*
14 **a**
15 **c.** *Il se rappelle ses dernières vacances.*

Unité 6

1 **b.** *L'horizon*
2 **c.** C'est un légume.
3 **b**
4 **a.** Il faut dire: *joliment.*
5 **b.** *Image* ne s'emploie pas au sens de *photographie.*
6 **e.** *La chauve-souris,* bien qu'elle ait des ailes, est un mammifère!
7 **e.** *Il s'est fait faire un costume . . .*
8 **b.** e. *friend* est de l'anglais!
9 **b.** *Un outil* est un instrument pour travailler une matière (bois, métal, etc.).

10 **c.** Les autres ont une coquille, *le ver* est nu. Cf. l'expression: *nu comme un ver.*
11 **d.** Dites: *je viens d'avoir dix-huit ans cette semaine.*
12 **e.** On ne peut rien ranger dans *un fauteuil!*
13 **b.** *J'ai cru que tu viendrais.*
14 **e**
15 **b.** Après *il faut que,* il y a toujours le subjonctif.

Unité 7

1 **a.** *Vous dites?*
2 **e**
3 **e**
4 **b.** Entre a et c, il y a une petite différence, une petite nuance; c insiste sur l'acte de volonté.
5 **a.** *La vase* est la boue que l'on trouve au fond d'une rivière ou d'un lac.
6 **e.** Ce n'est pas un meuble.
7 **d.** Impossible en français. Il faut dire: *J'espère que tu seras là . . .*
8 **a.** *Infini* est le contraire de *limité, modéré* veut dire sans excès.
9 **d**
10 **d.** *Le sommet* est la partie la plus haute de la montagne.
11 **c.** Dites: *J'ai réussi à fermer . . .* car *réussir* n'est pas un verbe impersonnel.
12 **a.** En France, *le charcutier* vend de la charcuterie ou des cochonailles et de la viande de porc. Vous ne trouverez pas toujours du porc chez *un boucher,* mais parfois seulement du bœuf, du veau, de l'agneau, etc.
La saucière est le petit récipient pour servir les sauces.
13 **b.** Il faut dire: *Je crois que vous vous trompez.*
14 **a.** Seul un ballon, ou un avion, peut *passer au-dessus de la rue!*
15 **a.** Après *il faut que,* on doit employer le subjonctif.

Unité 8

1 **a**
2 **c.** Elles sont rouges, les autres légumes sont verts.
3 **b.** *La rage*
4 **c.** *Ouvre-moi la porte . . .*
5 **c.** Pour b et e, on peut dire seulement: *je pose la lampe . . .*
6 **d.** Par définition, il n'y pousse rien!
7 **c.** *Hier j'espérais que vous seriez en avance . . .*
8 **b.** *S'attaquer à* a aussi le sens de *commencer*. Exemple: *je m'attaque à ce travail.*
9 **d.** Il lui faudrait des ailes!
10 **c**
11 **a.** *Je suis arrivé à . . .*
12 **b.** *Le pendule* vous indiquera peut-être une source . . .

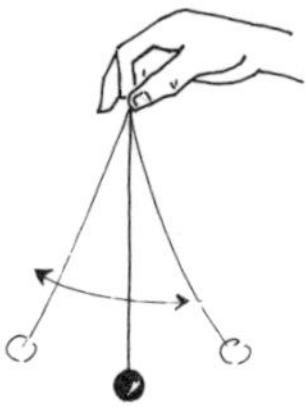

13 **b.** *Il s'intéresse à la musique.*
14 **d.** Il ne l'a pas encore ramassé!
15 **c.** *Il faut que nous venions voir votre bébé.*

Unité 9

1 **b.** La cédille: *nous déplaçons*
2 **b**
3 **b.** *Le courage*, en français!
4 **b.** *. . . du 10 avril.* Mais on dit bien: *le 1er avril, le 1er mai.*
5 **d.** Du moins, il ne vous les montre pas!

6 **b.** Le Rhône se jette dans la mer par *un delta*.

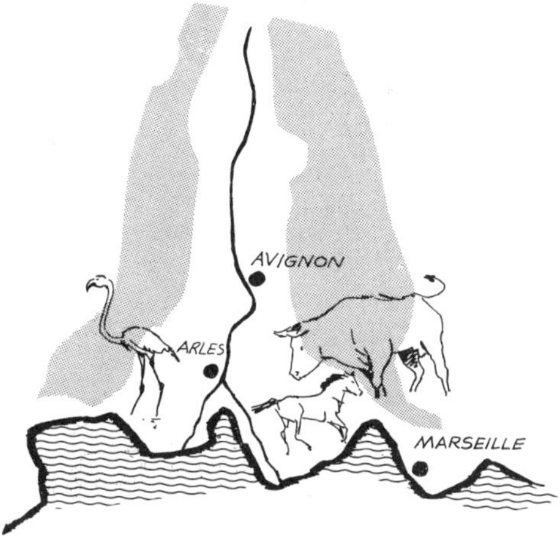

7 **a.** Il faut dire: *J'espère que tu viendras . . .*

8 **a.** Pour b: le nom *la déraison* existe; il signifie *manque de raison*.
Pour c: *irraison* n'existe pas.
Pour d: *Vous n'avez pas raison*.

9 **d.** 1°) *Avec son bec . . .*
2°) *elle ne peut rien attraper*.

10 **d.** *La marraine* est souvent une tante, une cousine, etc. Mais cela peut être une amie de la famille.

11 **c.** En style recherché, on peut dire *j'aime à faire . . .*

12 **e.** Une banque pourrait-elle se permettre d'être *généreuse*?

13 **d.** *Elle s'intéresse à la photographie*.

14 **e.** Non, il n'a rien mangé. (*se régaler = manger quelque chose de bon*).

15 **b.** *Il faut que vous partiez aussitôt*.

Unité 10

1 **c.** *Vous voyez bien.*
2 **c.** *Le couvercle* couvre la marmite pour empêcher l'évaporation de l'eau. Vous trouverez *une couverture* sur votre lit. Vous mettrez quatre *couverts* sur la table (fourchettes, cuillers, etc.) pour quatre convives (ou invités).
3 **c.** Son [ʒ].
4 **b.** *Prends ton livre.*
5 **b.** a et c sont des mots qui n'existent pas.
6 **c**
7 **e.** *Il est descendu dans la rue.*
8 **b.** *Rapidement* et *hâtivement* ont le même sens que *vite.*
9 **b.** Il faut espérer que non! Ou alors, il s'agit d'une catastrophe!
10 **d.** On met *une ficelle* autour d'un paquet; *une corde* est plus grosse. Certaines chaussures sont fermées par *des lacets.* Parfois, pour ouvrir ou fermer les rideaux, il faut tirer sur *un cordon.*
11 **b.** *Nous cueillerons . . .*
12 **d.** *Les Soviets* sont les Conseils du peuple. Il faut dire: *les Soviétiques, les Russes.*
13 **e.** Ecrire: *Sais-tu qu'elle a quitté la ville?*
14 **b**
15 **e.** *Nous voulons que tu reviennes à la maison.*

Unité 11

1 **a**
2 **d.** *Les pivoines* sont rouges ou roses ou blanches; on dit *devenir rouge comme une pivoine.* Au printemps, il y a *des primevères* (ou coucous) jaunes dans les prés.
3 **b.** *Un ordre*
4 **b.** *Il va chez le coiffeur* (c'est une personne).
5 **d**
6 **d**

7 **b.** *J'ai voyagé partout.*
8 **c**
9 **a**
10 **e.** *Revenir* est le contraire de *partir.*
11 **b.** *Je serais heureux* (mais je ne le suis pas actuellement).
12 **d.** On peut *souffrir* beaucoup sans mourir pour autant.
13 **d.** *Il vaut mieux que vous veniez . . .*
14 **a.** Ce n'est pas agréable de tomber en panne!
15 **d.** *Elle veut que tu partes maintenant. Vouloir* est suivi du subjonctif.

Unité 12

1 **b.** *Il rangeait . . .* Mettez un *e* entre *g* et *a* et *g* et *o,* pour que le verbe garde la même prononciation à toutes les personnes.
2 **c**
3 **b.** *En mentant*
4 **a.** *Mon père parle toujours calmement.*
5 **a.** *Une mule* est 1. une pantoufle laissant le talon à découvert.

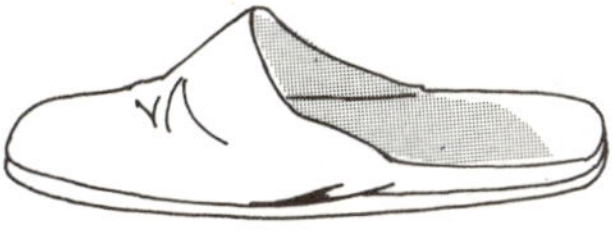

2. C'est aussi un animal têtu, bâtard, issu du croisement du cheval et de l'âne.
godasse: est très familier.

6 **e.** Les vaches vont à l'*étable* et les chiens dans *les niches*.
7 **e.** *Je suis descendu . . .*
8 **b.** d : *cost* n'existe pas.
9 **e.** *Jean n'est pas encore sur la terre ferme !*
10 **d.** Les gens qui voient mal portent *des lunettes*, et pour voir très loin, on prend *des jumelles*.
11 **a.** *Si tu le voulais . . .*
12 **c**
13 **d.** *J'espère que tu as apporté . . .*
14 **a.** Si vous ne précisez pas: *un bain de soleil*, on comprend que vous prenez un bain dans la mer, ou dans votre baignoire !
15 **b**

Unité 13

1 **a.** Le mot *didâcel* n'existe pas.
2 **b.** *Les colliers, les chaînettes* et *les pendentifs* se portent au cou, *les bracelets* et *les chaînettes* aussi au bras.
3 **b.** *La photo(graphie)*
4 **b.** *J'aspire au repos*. Sens concret: *l'aspirateur aspire la poussière*.
5 **c.** Distinguez *l'ouvrière* qui travaille en usine et *l'ouvreuse* qui vous montre votre place au cinéma ou au théâtre.
6 **e**
7 **b.** *Il a sauté . . .*
8 **d**
9 **d**
10 **b.** a. Autrefois on disait *apothicaire*.
d. En France, *les droguistes* ne vendent aucun médicament, mais des produits d'entretien, comme du savon, des teintures, de l'eau de Javel et des casseroles, des balais, etc.
e. n'existe pas.
11 **b.** *J'irais à la chasse . . .* (mais je ne peux pas).
12 **b.** L'eau coule du *robinet*.

13 **b.** *Il arrive que je ne dorme pas.*
14 **c.** *Le ballon a roulé sur la chaussée.*
15 **b.** a. *Il faut que tu viennes demain.*
c. *Il faut que tu ailles . . .*
d. *Il faut que je fasse . . .*
e. *Il faut qu'il parte . . .*

Unité 14

1 **c.** La cédille: *Effaçons le tableau.*
2 **c**
3 **c.** *Le garage*
4 **a.** *Elle est furieuse contre son frère.*
5 **d**
6 **b.** *Un livre a une couverture,* pas *un couvercle* (les casseroles en ont un).
7 **a.** *Je suis monté sur la Tour Eiffel.*
8 **b**
9 **d.** Au contraire, elle en a beaucoup!
10 **b.** Les gens mariés portent *une alliance* au doigt.
11 **a.** *Si tu étais venu . . .*
12 **d**
13 **e.** *Je crois que c'est une folie!* (vous n'en doutez pas, cela vous paraît certain)
14 **d.** *Les voitures attendent que tout le monde soit passé.*
15 **e.** *Il faut qu'il aille à la maison.*

Unité 15

1 **c**
2 **c**
3 **e**
4 **a.** *Il a été condamné par le tribunal.*
5 **b.** On peut dire: *il se brosse les dents.*
6 **c.** *Une paire de boucles d'oreilles*
7 **a.** *Il est monté sur une chaise.*
Distinguez: d. *je suis monté sur un cheval*
= une fois, par hasard
e. *elle monte bien à cheval*
= elle sait faire du cheval

8 **a**
9 **d.** C'est le contraire: *il est chauve*, il n'a pas un cheveu sur la tête!
10 **d.** Les autres verbes signifient *modifier* une chose tout en la conservant, sans la faire disparaître, sans la détruire.
11 **e.** a. *Que serait le monde s'il était dirigé par le diable!*
b. *Que deviendrions-nous si nous perdions l'espoir?*
c. *Nous serions bien contents si nous étions déjà arrivés*.
d. *Nous aimerions goûter ce vin, si cela était possible*.
12 **e**
13 **b.** Dites: *Je crois qu'elle sera jolie plus tard*.
14 **b.** Attention! *Démontrer* veut dire *prouver* et en géométrie on fait *des démonstrations*.
15 **b.** *Il faut que nous fassions une grande fête*.

Ihr Testergebnis

Unité 1	
Unité 2	
Unité 3	
Unité 4	
Unité 5	
Unité 6	
Unité 7	
Unité 8	
Unité 9	
Unité 10	
Unité 11	
Unité 12	
Unité 13	
Unité 14	
Unité 15	
GESAMT	

Wie geht es weiter?

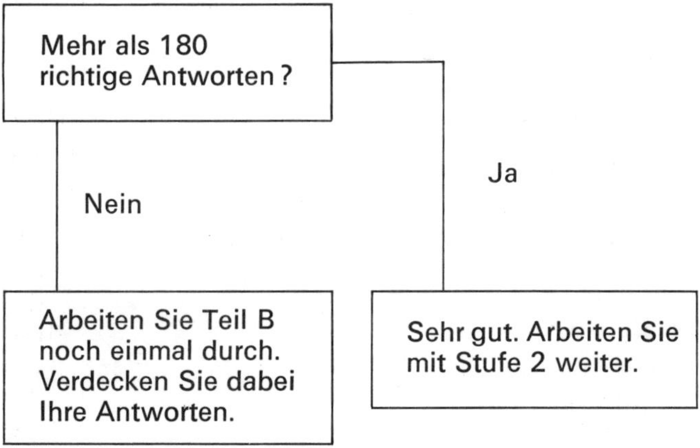

Inhalt